地下アイドルとのつきあいかた。
ロマン優光
太郎次郎社エディタス
徹底点検済
新宿SAMURAI
御飲食物
持込み禁止！！
Zepp

地下アイドルとのつきあいかた

目次

本文中、※●のマークがあるものは用語解説に記載

はじめに——アイドルとオタクの奇妙な関係

変化しつづけているアイドルシーン

ひと言でオタクといっても、いろんなオタクが存在する。アニメオタク。鉄道オタク。プロレスオタク。あらゆる対象に対してオタクといわれるコアなファン層がついているわけだが、ここで筆者が言及していこうと思っているのがアイドルオタクについてである。さらに言うなら、女性アイドルのオタクであり、所謂《いわゆる》「地下アイドル」のオタクについてである。

筆者はミュージシャンとして「ロマンポルシェ。」や「プンクボイ」というユニットで活動するかたわら、文筆業者としてコラムなどを書いている人間である。1972年生まれである私が最初に「アイドル歌手」として意識したのは松田聖子や中森明菜だったわけだが、それは子どもがテレビのなかの人気者を好きになっただけのことだ。それが明確にアイドルという存在について執着しだしたのは、おニャン子クラブの登場以降になる。

思春期にパンクロックやニューウェーブ、ノイズのようなマニアックな音楽を、洋楽を中心に聴くようになるわけだが、その一方で女性アイドルファンであることも卒業することなく現在に至る。そのなかでのポジションの変化というものは、当然のことながら生じてくる。それは、自分自身の変化というものも関係しているわけだが、「アイドル」というものをとり巻く状況の変化、「アイドル」というもの自体のあり方の変化というものが密接にかかわっている。

テレビ芸能人の一形態であったアイドル歌手が、オールナイターズ〜おニャン子クラブによってアマチュアリズムが導入されたことによる変化。アマチュアリズムの権化であるバンドブームの勃興により、主流であったはずのアイドルという存在が不人気なものになり、テレビという最大のメディアに登場することが少なくなってしまった時代。モーニング娘。の人気によりテレビにアイドルが復活した時代。AKB48〜ももいろクローバーZがブレイクしていく芸能界的な流れの一方で、テレビに出ずライブを中心に活動する地下アイドルのシーンが拡大していく時代。BiSの成功以降に、地下アイドルの世界に芸能畑ではない人びとが音楽的な多様性をもって参入してきた時代。事務所が運営するのではなく、アイドル本人がDIYで活動するようなグループが誕生してきた時代——。

地方出身者である筆者にとっては、アイドルとはテレビに出てくるスターでしかなく、基本的にはメディアをとおして楽しむものであった。大学進学で上京しても、アイドルが非日常なものというのは変わらず、ごくたまにイベントなどを見にいくことはあっても、基本的にはテレビと雑誌と音源で楽しむものであり、いわゆる在宅ファンとして過ごしてきた。

転機となったのは、ももいろクローバー（Zがつく以前の）が2010年当時乱発していたCD販促のためのインストア・イベントに毎週のように赴くようになったことだろう。その小さなスペースで体感するライブに魅せられた私は（もともと小さなライブハウスでおこなわれるようなアンダーグラウンドなバンドのライブに好んで行っていた自分の嗜好《しこう》と親和性が高かったのだろう）、小規模な空間でライブ活動をしているアイドルに嗜好が向くようになり、ライブハウスで活動するような地下アイドルのシーンを見にいくようになった。それ以降、10年近く地下アイドルの現場オタクというものをやっている。

メディアのつくる「画」のためのオタク像

そういった生活を送るなかで在宅オタクでは知ることのできない現場オタクのあり方やオタク同士の関係性、現場でのアイドルとオタクの関係性といったものを体感していった。そこで実地に感じていったのは、オタクはべつに同じタイプの人間が同じ考えのもとにアイドルオタクをやっているわけではないということ。つまり、アイドルとオタクの関係というのも多種多様であるということである。

アキバファッションに身を包み、さまざまな色で光るペンライトを振りまわしながらオタ芸を打つ。自分の推しているアイドルを応援するために同じCDを何百枚と買う。性的な欲望から若い女の子を消費しようとしている中年男性。握手会は女の子に触りたくて行っている――。アイドルオタクではない人が抱いているアイドルオタクのイメージというのは、おそらくこういうものが多いだろう。ただ、それがすべて間違いとはいわないが、すべてがそういうものかというと、違うと言わざるをえない。

テレビのようなメディアがとり上げるアイドルオタク像に片寄りがあるという問題がある。ドラマやバラエティー番組などでは、いまだに90年代のオタク、しかもアニメや漫画を好む二次元のオタクの当時の服装イメージでアイドルオタクを登場させがちなのだが、さすがにおかしなことだろう。10~20代の若い男性オタクのなかで流行《はや》っているファッションというものはあり、世間のファッショナブルな若者の流行りとはちょっと違うというような例はたしかにあるが、テレビがとり上げるようなアイドルオタクの服装とはぜんぜん違うものだろう。

ペンライトを使うオタ芸にしてもそうだ。そういうオタクもいるにはいるが、現在のアイドルオタクのなかで主流かといえばべつにそうでもない。ペンライト、オタ芸文化というのは声優オタクの文化のほうに色濃く残っているような印象もある。こういった問題は、テレビというものがわかりやすい「画」を必要としているために、そういう世間的には珍奇に見える光景を選んでしまうから生まれる弊害であろう。

アイドルを「応援」するとは？

こういった外見に属するようなイメージだけではなく、行動原理などについても、それが善意であれ悪意であれ、画一的なイメージでとらえられがちだ。

筆者がアイドルオタク以外の人と話していて落ち着かない気分にさせられるのが、「最近応援しているアイドルはどこなんですか？」といった類の言葉である。私はエンターテインメントを見にいき、その演者に対して惚《ほ》れ込み、ある種の執着をしているだけで、べつに応援をしにいっているわけではないからだ。たしかにアイドルがライブやCD発売の告知をTwitterですればRT《リツイート》もするし、その成功を祈りもするが、べつにそれをアイドルに「やってあげる」ことをオタク活動のメインにしているわけではない。

一方で、アイドルを応援するということをテーマにしているように見えるし、そう発言するオタクも数多く存在する。ただ、その「応援」というのは、じつのところなんなのだろうか？

「彼女たちの夢をかなえるために応援をする」、そういうふうに口にするオタクも多い。彼らの多くは「弱小グループが数々の苦難を乗り越えて成功し、国民的なスターになる」というわかりやすい大きな物語を好んでいる。商業的な成功というわかりやすいゴールを目指してアイドルもファンも一体となって突き進む心地よい物語だ。売れることが善であり、売れないことは悪である。あくまで芸能界的な古くさい物語だ。その夢がかなえられる可能性があるのは、ある程度以上大きな芸能事務所に所属しているようなグループしかない。そういう「地上」と呼ばれるような大手に所属するようなグループを推しているオタクは、素直に「応援」しやすいだろう。

48グループが開催していた選抜総選挙というのも、自分の推している女の子に票を入れてあげることで上位メンバーに押し上げたりすることができるという即物的な制度であり、「応援」としてはわかりやすい。ただ、純粋な気持ちで応援のためにやっている人だけではない。自分の推している女の子が上位にいくことで勝利の感覚を得たいという、女の子よりも自分の快楽を優先したゲーム感覚の人もいる。また、ほかのオタクに対する示威行為、一種のマウンティングとして枚数を競う人もいる。こういうオタクの示威行為は選抜総選挙を模した制度を導入した他グループでも見られるだけではなく、小規模な地下アイドルグループのＣＤ発売イベントでも見られる光景だ。

選抜総選挙というものが有名になったせいで、CDの複数枚買いもオタク以外の人からは応援行為のように見られていることもあるが、たいていは1枚買うごとにメンバーと握手できたり、2ショットが撮れたりという特典がついてくるからで、自分の「快」のためにやっている行為である場合が多い。女の子のために愚直に応援しようと思っている人も多く存在はするが、自分の快楽のためにやっていることを「応援」という言葉で誤魔化して世間体をよくしているだけの、ようするに建前でしかない場合のほうが多いだろう。オタクの良質な部分として理解されがちな「応援」というものも、欺瞞《ぎまん》性に満ちたものが多くあるという現状がある。

一枚岩ではない、多様なオタクたち

未成年を合法的に性的搾取する存在がアイドルオタクであり、そういうビジネスがアイドルであるというとらえ方も現実に即しているわけでもない。そういう嗜好のオタクもいるし、そういうニーズを考慮した現場も実在するが、それがすべてというわけではない。小学生アイドルのライブにはペドフィリア男性だけが赴くわけでもない。性的な欲求からではなく、子どものはしゃぐ姿、子どもの無邪気な言動に面白みを感じるが、日常では子どもと接する機会のない人間が、それを求めて訪れている場合もある。それはそれで歪《いびつ》な光景でもあり、子のない男性に与えられる疑似家族体験などと絶賛するようなことではないが。

日本が強度の男性上位社会である以上、すべての社会的な事象にそれが反映されているというのは当然ではある。アイドル文化にも、そういった問題は当然、色濃く反映されている。若い女性であるアイドルに対して、ファン＝客という関係の不均衡性を利用しながら、理不尽な要求やパワハラめいた発言をくり返す中年男性という光景は、ＳＮＳだけではなく実際のライブの現場でも見ることができる。かといって、それが当然のことのように許容されている世界でもない。そういった行為は、アイドルによっては明確に拒絶を意思表示するし、ほかのオタクから非難され、ネット上でバトルになる場合やネットリンチ状態になることもある。

そういう、他者の不快な言動を嫌うオタクが、つねにどのアイドルに対しても配慮できる人物であるかというと、べつにそういうわけでもない。特定のアイドルについて愛情細やかに節度をもって接している人物が、同時に別のアイドルに対しては容姿や年齢を理由に蔑《さげす》むような言動をとる存在であったりもする。自分の好むタイプのアイドルに対する、ほかのオタクのミソジニー丸出しの言動に怒りを覚えるような人物でも、自分の好まない容姿のアイドルについては、彼女がステージ上でおこなっている表現の良し悪し以前の段階で揶揄《やゆ》の対象にしかしなかったりもする。その一方で、本来彼らがアイドルオタクとしてたどってきた経緯から察せられるタイプとはまったく年齢・容姿がかけ離れているだろうタイプのアイドルを、彼女の表現や人柄からファンになって熱心に応援しているような人たちもいる。そこもまた単純ではないし、嗜好もひとつではないのだ。

アイドルとオタクはたがいに演じる共犯者

アイドル歌手というものがテレビ芸能人の一形態であった時代から遠く離れ、歌って踊りライブをするタイプのアイドルのあり方も多様化している。芸能界的なわかりやすい成功を目的としているグループもあれば、若い女性がステージで表現活動をするのにもっとも手早い場として機能しているグループもある。アイドルが多様化しているのであれば、オタク側も当然多様化する。地上※、地下、地底とその活動規模によって生まれる差違は当然として、同じ階層のなかでも界隈《かいわい》※（共通する傾向で形成されるゆるやかな集まり）が違えばオタクの文化も違ってくる。規模が小さくなればなるほどアイドルとオタクの関係性は濃密になるし、「共犯性」を帯びてくる。

　一般的に、アイドルが男性とつきあうことをオタクは許さないというイメージがあるだろう。実際、そういう人は多い。若いオタクは現実にオタクとアイドルがつきあう例を知っているし、自分にもそのチャンスがあると考えている人も多く、それがかなえられないと知ると愛情が憎しみに変わるような人もいる。また、処女信仰的なものに固執した中年以上の男性のなかにも多く見られる。

一方で、現場にそういったものが介入してこなければ意に介さない人もいる。筆者が2000年代前半に通っていた地下アイドルの現場で起こった出来事だが、あるグループのメンバーのひとりに彼氏がいることを現場の常連のオタクの大半が知っていたにもかかわらず、とくに問題にしようという動きにならなかったという事例がある。彼氏が彼女のSNSを乗っとってオタクにアピールしてくるようなことがあったり、匿名アカウントによる告発があったりもしたのに、とくに公に糾弾しようという空気もなく、それは解散まで続いたのである。

筆者も含めたオタクにとっては、「アイドル」としての正しいあり方などよりも、ことが公になって人気メンバーであった彼女が責任をとらされて辞めさせられることで、グループの存続が危うくなることのほうが重大事であり、自分たちの居場所が継続することのほうが大切なことだったからである。これもアイドルとオタクの共犯性の現れのひとつであろう。

これはたしかに特殊な事例ではあるが、地下アイドル現場の常連オタクはアイドルのプライベートな事情や運営の内幕について、ある程度以上知っている場合も少なくない。そのうえでオタクをやっている人も多く、表面上はアイドルに対して幻想を抱いているように見える人が実際にそういうふうな人物だとはかぎらない。その場が継続することを優先して、対外的には、そういうアイドルオタク像をロールプレイしているだけの場合も多いのだ。アイドル側もオタク側も「現場」を成立させるためにたがいに求められる姿をロールプレイしているという解釈もできる。それは世間的に想像されているオタク像からは解離したものだろう。

最低かもしれないが、希望も感じさせる関係性

現在流布されているアイドルオタクのイメージは、それが良いイメージにつけ、悪いイメージにつけ、一部の切りとりにすぎないというのが、自分の体験をとおして得た実感であり、そこに違和感をもっていた。また、アイドルとオタクの関係性についても同じだ。地上のアイドル現場と地下アイドル現場では、オタクのあり方も、アイドルとオタクの関係性も変わってくる。さらに言うならば、各アイドルごとに違ってくる。

本書では、そういったアイドルオタクやアイドルとオタクの関係性の、とくに地下・地底の、あまりクローズアップされないような、世間的にわかりにくい部分について、筆者

が体験したり見聞きしたりしたことをもとに考えていきたい。私を含むアイドルオタクに広く共通する傾向について触れていく場合もあれば、ニッチな現場で起こっている出来事について触れていく場合もある。また、ここで扱われるのは、歌い踊りライブをするということを活動の中心に据えている女性アイドルのオタクについてのことがメインになる。

ここでとり上げるオタク像は、一般的なイメージからはズレたものが多くなるだろう。ある場合は想像以上にひどいということになるかもしれないし、ある場合は想像だにしていなかったものかもしれない。そこには最低のものもあるかもしれないが、希望を感じさせるものもある。

アイドルとオタクは最終的には他人でしかない。家族でもなければ、友だちでもない。週に何回も会話していたとしても、アイドル活動を彼女たちが辞めてしまえば二度と会えなくなるかもしれない存在だ。逆にいえば、オタク側がライブに行かなくなれば、アイドルもオタクに会うことはできなくなる。そういう奇妙な関係性のなかで、旧来のアイドルとオタクの疑似恋愛を介在するだけではない、「奇妙な共犯関係」ともいうべきものが存在している。そこになにか見るべきものがあるような気がするのだ。

再入

1章

アイドルとの出会いかた

地下アイドルオタクの敷居は低い

チケットは予約のみで現地払い

本書を手にとってくれた方のなかには、地下アイドルオタクではない人、まったくそういった世界と接点をもたなかった人もいるだろう。筆者のなかではあたりまえすぎるようなことも、そういった人からは意味不明であったり、システムが理解できないということも生じてくる。

どうやってアイドルを知るのか？　ライブに行くまでにはどのような過程があるのか？　準備しなければならないものがあるのか？　そういった素朴な疑問について、まずは触れていこうと思う。

「ライブに行くためにはまず、チケットぴあのようなサイトでチケットを購入しなければならない」

そういうふうに思っている人が一般的には多い。しかし、小さなライブハウスでおこなわれるようなライブでは、アイドル以外の演者も含めて、そういった手順でチケットを購入する人はまずいない。「そんなことはない」と反論する人もいるかもしれないが、その人が考えている小さなライブハウスというものが、実際には大きなライブハウスだということでしかない。

そういった大手のチケット販売サービスをオタクが使用する機会というのは、通常限られている。大規模会場での大がかりな対バン（複数の演者が出演するライブ）イベントやフェス的なイベント、ある程度以上動員のあるアイドルが中規模以上のライブハウスでおこなうワンマンや生誕（メンバーの誕生日を祝うイベント）などの記念的イベントくらいだろう。

では、日常的におこなわれている小さなライブハウスのイベントのチケットは、どのようにして確保するのか？　地下の対バンライブでは基本的に事前にチケットを購入するのではなく、予約のみで当日現地で支払うのが普通。運営にTwitter上でリプやDMで予約するか、Tigetなどの小規模なチケット販売サービスを利用して予約するのが一般的だ。ライブで手売りチケットを販売している場合もあるが、それはワンマン、周年記念、生誕などのライブの販売促進のために、サインやチェキなどの特典をつけておこなわれている特別なものであるのが普通だ。

以前はTwitterで運営（所属事務所やプロデューサー、ディレクター、マネージャーなどの業務としてアイドルとかかわっている人間を指す）のアカウントに予約するのが主流だったが、Tigetのような、チケット管理を委託する手数料も安く、発券の必要性がない、いろいろと小回りの効くチケット販売サービス（事前に購入するのではなく予約のみで当日現地での支払いが可能、イベントでまとめて予約ページをつくり演者ごとに予約指名を振り分けることが可能など）が出だしてからは、それを利用する運営やイベンターが増えている。しかし、まだまだ運営に直接予約する形式をとっているところも多い。

新型コロナ流行でキャパの半分に入場者数が抑えられるようになるまえは「行けるかどうかわからないけど、とりあえず予約だけお願いします」というような予約の仕方も、運営との信頼関係があれば許されていたくらい、アバウトな部分もあった。ふらっと当日に現場に行って入場できるような総動員数であったりするライブが多かったが、予約で前売り扱いと当日券とでは500円料金が違い、週に何日もライブに行くような人間にとっては500円の差も重なれば大きな金額になるわけで、このような予約の仕方も生まれるのである。あくまで運営と信頼関係ができるくらい現場に通っていてはじめて成り立つものではあるが。

ちなみに、厳しい人数制限があったコロナ下の2020～21年当時でも、当日に行けば入れるような動員数のイベントは普通に存在していた。

対バンライブという形式上、全体の売上を各演者の観客動員数ごとに振り分ける必要がある。小規模なライブハウスでおこなわれている対バンライブに出演しているクラスのアイドルは決められたギャラを提示されて出演しているのではなく、チケットの売上の何％か、もしくはチケット1枚売れるごとに何円のバックというかたちで出演報酬が決められているのだ。そのため、各運営がおのおの予約をとる必要性が生じる。演者ごとに予約特典が独自に設定されていて、その内容によって予約を入れる演者をそのつど決めるオタクも多い。

ペンライトは必須アイテムではない

ライブ前に準備するもの、準備しておかなければならないものはあるのだろうか？それは、その人による。あるいはその界隈による。あくまでそういうものであり、全オタク共通のなにか事前に準備しなければならないことや準備するものが存在しているわけではないのだ。

地下アイドルの世界と接点がない人のなかには、アイドルのライブといえば「メンバーごとに設定されたイメージカラーに色を合わせたペンライトや法被《はっぴ》を装着したオタクに埋めつくされて、奇妙にペンライトを振りまわしている」というイメージをいまだにもっている人も多い。しかし、現実の地下アイドルの現場は違う。

ペンライトに関していえば、演者ごとに様子が違ってくる。オタクのほぼ全員が基本的にペンライトを持っている現場もあれば、持っている人と持ってない人が混在する現場、まったくペンライトを持った人がいない現場も存在する。演者・現場によってライブの楽しみ方にもいろいろな違いがあるのだ。

ペンライトを振る行為。振りコピといわれている、アイドルのダンスを客席でコピーする行為。※●ツーステ（正式にはツーステップ。ラウドロックのライブでよく見られる、片足で2回ずつケンケンを交互にくり返しながらその場で反復横跳びをするような下半身の動きと、腕を8を描くように振る上半身の動きを合わせたもの）と呼ばれるダンス。※●ミックス（アイドルライブにおいて曲の前奏や間奏などで叫ぶ特定の掛け声）などの声を出す行為。※●ケチャと称される、落ちサビパートでアイドルに向けて両手を掲げる行為。モッシュやダイブなどの激しく暴れる行為。※●地蔵（ライブ中に沸いたりせずにじっとしていること、あるいはそういうオタク）。こういったものが混在し、現場ごとにその割合が違う。そのうちのなにかがあっても、別のなにかはまったく見られないことも普通だ。

ちなみにモッシュという言葉も、それが指す行為は現場ごとに微妙に違う。人が集まって圧縮するだけのたんなる押しくら饅頭《まんじゅう》めいたものから、ラウド系バンドで見られるような腕を激しく回すようなモッシュまで、いろいろなものが一様にモッシュと呼ばれている。これはオタクとしての世代差や、演者の音楽性によって集まるオタクの音楽的嗜好の違いによって生じているのだろう。

生誕イベント・卒業イベントなどではメンバーカラーに合わせて色をそろえたサイリウムと総称されるケミカルライトがオタクの有志によって来場者に配布されるのが一般的だが、それはあくまで特別な日の特別仕様だ。これとペンライトを混同して、オタクは光る棒をいつも振っているというイメージをもっている人も多いかもしれないが、それはあくまで誤解である。

ペンライトが主流の現場であるからといって、一般人の想像するような奇妙な動きでそれを振りまわしている人がいるとはかぎらない。ある程度以上、現場の規模が大きいところでは集団サイリウム芸も見られるようだが、そういったオタ芸は小規模な地下アイドル現場ではとくに主流というわけではない。そういったオタ芸を打つ人が現れると、奇異の目で周囲から見られる現場のほうが地下では多いのではないだろうか。

アイドルに接点のない人が想像するような、テレビのバラエティー番組で紹介されていたようなタイプのオタ芸は少なくとも地下アイドル現場では主流ではなく、現在では声優現場のほうに多く見られるという話もあるが、筆者は声優現場については知識がないためになんともいえない。

法被を着用しているオタクについて言うならば、基本的には存在しないというのに近い。わざとアイドルオタクの古いステレオタイプのコスプレをしてふざけている人はたまにいる。運営側がふざけて公式グッズとして販売する例もある。現状で法被を着たオタクがいるとしたら、悪フザケによるものだと解釈するのが普通だろう。ただ、いまだに古いスタイルを守っている頑《かたくな》なオタクが存在する可能性もあるので、絶対にそうであるとは言いきれない。

筆者は通っている現場の傾向もあってペンライトなども持たないし、普段の外出時と同じ感じで特別なものも持たず、特別な準備もせずに現場に行っているが、人によってはいろいろと持つもの、やることがある人はいるだろう。

アイドル側から認知を得るための小道具、たとえば自分の名前を書いた名札だったり、手にはめるタイプのマペットだったり、小型のLEDプレートみたいなものを持ち込む人もいる。また、現場全体の盛り上がりを考え、※●コールなどの書かれたスケッチブック（詳細はつぎの項で）を持ち込む人もいる。その他、笛などの鳴り物、楽器（ライブ中にアイドルの楽曲とセッションがなされた）、炊飯器（ミックスのさいに頭上に掲げられた）、フライパン（鳴り物として使用）、アジフライ（ライブ中に投げられた）、戸板のようなもの

（ひとりのオタクを乗せたまま複数の人間で持ち上げ、ライブ中に会場を走りまわった）など、さまざまなものがライブを盛り上げるために会場に持ち込まれるわけで、人によっては準備が大変だとは思うが、べつにそういうことをする必要が全員にあるわけではないので、気にせず手ぶらで行っても問題ない。

自然と覚え、生まれるミックスやコール

ミックスやコールなどは演者ごとにオリジナルな文言がある場合も多く、初見のひとにはなにを言っているかわからない場合もある。そういった新規の客や対バンの客がいっしょに声を出せるようにという配慮から、その文言を大きな字で書いたスケッチブックなどを用意してきて、フロアー前方でそれを客側に読めるように掲げる、現場を盛り上げることに対する使命感の強いオタクも存在する。

ミックスやコールなどというものは、現場でほかの人がやってるのを聞きながら自然に覚えるようなものだと個人的には考えている。そういう感じの現場にしか行っていなかったからというのもあるかもしれない。もちろん、初心者のうちはネットで基本的なミックスの文言や構造を覚えたりするのは普通にあるが、ある程度以上オタク歴を重ねると、自然に新しいアレンジに対応していくようになるのが大半だろう。そうやって慣れていくと、

新しい曲、初見のアイドルでも曲構造がオーソドックスであれば、なんとなくミックスやコールを入れられるようになる。また、構造的にそういったものを差しはさむのが難しい曲に、それを入れていくことに挑戦するようになったりもする。

個人が現場で勝手に始めたオリジナルのミックスやコールが、ほかの人が真似しだすことで定番のものになっていく流れもある。ひとりのオタクが勝手にやっていたことが、2年後くらいには最初に始めた人がまったく観にいかない現場でもおこなわれている光景を何度か見たことがある。ああいったものは、筆者の行くような現場では、自然に現場で覚え、自然に現場で新しいものが生まれ、それを自然と真似する者が現れ、ときとして自然に他現場に広がっていくものだと個人的には思っている。

しかし、人によっては現場だけでなく事前に練習をしている人もいる。個人で自宅でやっている人もいるだろうし、わざわざオタク同士が集まってやる場合もある。

以前、フジテレビの「ザ・ノンフィクション」というドキュメンタリー番組で、地下アイドルとアイドルオタクがとり上げられていたことがある。番組中、オタクがカラオケ店に集まってコールの練習をしているシーンがあり、ひじょうに衝撃を受けた。とり上げられていたアイドルは秋葉原のサーキット型の出演数が多い対バンライブで筆者が当時観ていたアイドルと被《かぶ》ることが何度かあり、そこのオタクとも何度もニアミスしていたわけだが、同じ会場にこんなに異文化のオタクがいたのかという驚きである。

それまで筆者の通っていた現場では、ミックスは個人芸の延長というか、それぞれが癖の強さを競っていたようなところがあり、ミックスをみんなで練習してきれいにそろえるという発想がなかったからである。集団芸としてのまとまりを求めるなら、たしかに集まって練習する必要はあるのだろう。集団でのサイリウム芸はそろっていたほうがきれいなので集まって練習している人たちは珍しくないのだが、それと同じようなものだ。

また、ツーステも現場以外で練習している人は多いのだろうなと思う。あれも、ふだん身体を動かしなれてない人が急にやれといわれてもできないだろう。年配の、いかにもふだん運動してないような人がツーステを決めている姿を見ると、この人はちゃんと練習しているんだろうなと感心する。

好みのアイドルを見つける小技

事前にホームページやSNSでメンバー全員の顔と名前を覚え、音源で楽曲を、動画でコールを入れる位置まで完璧に予習してからライブに挑むオタクもいるが、地下に通えば通うほど、なんか現場でぜんぶ把握するようになる気もする。現場数が増えれば増えるほど、いちいち予習しているひまなどなくなるのだ。

いま行く現場がない人、新しい刺激を求めている人は動画を参考にすることが多いが、勤勉にぜんぶを覚えようとかではなくて、アバウトに感じをつかもうという感じだ。気に入れば何度もくり返し見て、いろいろ覚えることにはなるが、それは事前に勉強しているということではない。

余談ではあるが、未知の新しい地下・地方アイドルを探すのに筆者がよくやっていたのが、YouTubeの検索ボックスに「アイドル　初恋サイダー」「アイドル　福岡　nerve」というふうに入れて検索するという方法である。

多くの地下・地方アイドルというのは、当初はオリジナル楽曲が1曲程度（あるいは皆無）しかない状態で活動をスタートし、有名アイドル楽曲、あるいはボカロ曲やアニソンなどのカヴァーをやることで15〜20分ワンセットくらいのライブを成立させている。カヴァーされやすいアイドル楽曲には『初恋サイダー』『nerve』『B・i・S・H―星が瞬く夜に―』『きみわずらい』などがあるのだが、そのアイドルの目指している方向性によってカヴァーする楽曲の傾向に違いがみられることが多い。

少しまえだとラウド系・サブカル系であれば『nerve』のカヴァーをやっている可能性が高いので、「アイドル　曲名」、特定の地方に限って探す場合はそれに地方名を入れて検索し、本家の動画のあいだに出てくるだれだかわからないグループの動画を片っ端からチェックしていくと、まれに好みに合うアイドルが見つかることがある。

コンセプトなく方向性もバラバラに『初恋サイダー』『走れ!』『nerve』をまとめてカヴァーしているグループもあれば、サブカルを謳いながらアイドル界の王道のひとつであるハロプロの有名曲『初恋サイダー』がレパートリーに入っているグループもあり、確実な方法だと断言はできないが、それなりに成果が上がる方法ではある。

しかし、これは労力のわりに成果が少ないのは間違いなく、よほど未知の新人やマイナーなグループを探したい人にしかおすすめができない。普通にYouTubeのおすすめ動画で出てきたアイドル動画を見ていったり、オタクがあげている動画に自分の通っている現場のものを見つけたら、現場が被っているということは好みが似ている可能性が高いので、その人のアカウントやチャンネルをチェックしていくといったやり方をとったほうが、より簡単に好みの傾向のグループを見つけることができるとは思う。

ライブに行くにあたって事前に準備することは、人によってさまざまだ。しかし、事前に予約をすることは、みんなやらなければならないことだろう。たとえ当日券で入れるにしろ、予約すれば当日券より500円ほど安くなることがほとんどであるし、予約特典がついてくるのだから。逆にいえば、地下アイドルのライブにいくのに予約以外のことをする必要はかならずしもないということでもある。

ようするに、地下アイドル現場もほかのライブイベントと同じで、だれでも気楽に行けるようなところである。その場になじめるかどうかはまた別の話になるが、そこもまたほかのライブイベントと同じだろう。

オタクはどうやって地下にたどりつくのか

より新奇なものを求めて

多くの場合、アイドルオタクの活動というものは、最初は地上のアイドルのオタクとして始まる。これはひじょうにわかりやすいことだろう。アイドルにかぎらず、趣味のとっかかりというのは、そのジャンルのいちばんメジャーな部分にメディアで触れることにあるのは理解しやすいことだと思われる。そして、そのファンの一部がよりマニアックなほうに流れていくというのも、ほかのジャンルでもよくある流れである。

ただ、アイドルオタクの流れ方というのは少し複雑なものがある。べつに地上から地下に流れていくことが、マニア化することを意味しないということであり、マニア化する以外の要因で地下に流れていくこともあるということでもある。

48グループ。坂系。ハロープロジェクト系。スターダスト・プロモーション系。そういった、メジャーなアイドルを複数運営している大手の系列というものがある。単純にマニア化していくだけなら、その系列の新グループ、新グループを追っていくだけでも十分マニア的な楽しみ方をしていくことは可能なはずである。それをやっているだけで膨大な時間がかかり、楽しむポイントもいくつも見出せる。その広大な領域を微に入り細に入り検証していったり、膨れあがっていく情報を追っていき、つぎつぎと現れる新しいグループ、新しい女の子と出会っていったりすれば、地上のアイドルを追っかけていくだけで十分楽しんでいけるはずだ。それにもかかわらず、地下アイドルに流れ定着する人が一定数いるのはどういうことなのか？　それには、いくつかの理由が考えられる。

　そのなかのひとつとして、音楽性やグループ自体のコンセプトに対して、より新奇な表現を求めていった結果、メジャーな領域からマイナーな方向に流れていく、というのはひじょうにわかりやすい理由だ。地上のアイドル、ようするに現時点で商業的に成功しているアイドルがやっている表現は、ある程度以上の一般的なポピュラリティがあるものだ。マスな媒体を舞台に活動し、広い層に受け入れられているということは、当然そういうものを提供しているということである。ある程度、音楽的に冒険をするようなグループでも、わかりやすくJ-POPの範疇《はんちゅう》に収まるように制作されている。

　2010年代初頭、完全にブレイクするまえ、Zがつくまえの、ももいろクローバーの怪盗期といわれる時期。さくら学院のグループ内ユニットだったころのBABYMETAL。上記のメジャーな系列に迫る勢いがあるWACKという事務所の源流にあるB・iSの初代が活動をしていた時期。これらのグループはメジャーのアイドルポップスとは違う音楽性やステージングで、既存のアイドルファン以外の層をとり込んでいった。そういう新奇な面に惹《ひ》かれて入ってきた層が、よりニッチなものを求めて地下に流れていくというのが、2010年代の前半から中盤に起こった現象のひとつであった。こういった、表現に根ざした動機というのは、趣味の領域では一般的にわかりやすいことだと思われる。

地上にはない、「距離」の近さ

このほかに地下に流れていく大きな要因のひとつとしてあげることができるのが、アイドルとの「距離」の近さである。この場合の「距離」とは文字どおりに物理的な距離でもあり、精神的な距離のことでもある。

物理的な距離の近さとは、ステージ上の演者との距離の近さである。アイドルにかぎらず、近距離で身体的な表現を生で観るという行為は、受け手の精神にダイレクトな衝撃を与える。そこには大ホールの客席では味わうことのできない、なまなましい実感がある。ステージ上の表現をたんなる鑑賞としてではなく、ストレートに肉体的体験としてとらえることができるのだ。これは、積極的に客側が身体を使ってライブに参加するということだけを指しているわけではない。細かい表情。指先や足元の動き。喋《しゃべ》るときの微妙なしぐさ。呼吸。ステップの足音。実際にそれらが目に入ってきたり、耳に飛び込んでくるとはかぎらないが、それらを体感できるような距離にいること。その空気感は大ホールでは得ることができない、小さなスペースだからこそ得ることができるものだ。

また、ももクロのブレイクやB・i・Sのブレイクのあたりで入ってきた、アイドルにそれまでハマったことがなかった人たちのなかには、それまでライブハウスでバンドを観ていたような層がいた。そういった層はライブハウスでのスタンディングのライブという環境を好む割合が高く、大規模になっていく現場で楽しみを感じられなくなり、その人たちが心地よさを感じて地下に定着するという流れが2010年代中盤くらいまではあったと思われる。それに似た例はその後も起こっているだろう。

精神的な距離の近さというのは、ライブやイベントに参加する頻度、ようするに会う頻度と、会話する時間の長さによって生まれるものだ。

メジャーなアイドルになるほどライブやイベントの数は少なくなるが、地下アイドルでは週に7回くらいライブやイベントがあることもざらにある。会話する時間の長さというのは、物販でチェキを撮ったりするさいの会話や、ライブの前後や合間に少し声をかわす時間の長さというわけだが、地上に行けば行くほど、当然その客ひとりに割り当てられる時間も機会も短くなる。地上のそういう態勢しか知らなかった人が、地下アイドル現場での接触時間の長さに衝撃を受けるという事例はよく見られるものだ。

会う回数、喋る時間が多ければ多いほど、当然のように精神的な距離感は近くなる。週に数回ライブに通うようになれば、仕事上の会話以外で他人といちばん会話したのはアイドルの物販であるというような状態も生まれてくるわけで、通えば通うほどアイドルに対して親しい人間であるかのような気分になってしまうのは当然のことだろう。

接触といわれるような場では、そういう演者とファンという関係性のなかでの、精神的な距離の近さだけが生まれるわけではない。ステージ上のエンターテインメントの演者と会話ができると、喜びを提供するという役割を超えて、世間に揶揄されるような疑似キャバクラとしての機能をはたしている部分もあるし、それが地下・地底アイドルのライブに赴くおもな目的となっている人もいる。

変な話だが、地下や地底の入場料なしドリンク代のみのライブや低料金のライブで接触に参加するのであれば、水商売の店舗に行くよりも安上がりに女の子と会話することができる。アイドルによっては集客のための戦略として、客と密着するような体勢でチェキを撮れるようにしているところもある。また、水商売では働けないような未成年の少女とも接することができる。ステージはおまけでしかない、下手すればしかたがないから観ているぐらいで、メンバーとの接触の時間がメインの目的になっている人もいる。そういった層に向けてしか商売をしていない運営もいて、疑似恋愛の場としての疑似キャバクラとして、さらには疑似風俗としての役割をはたしている現場が存在するというのも事実である。

とはいえ、すべてのオタクがそのような動機で接触に挑んでいるかというとそういうわけでもなく、接触というものについては改めて3章でくわしく触れていきたい。

メジャーになる過程が忘れられない

これまでにあげたものはオーソドックスなもので、多数派に属する動機であり、どれかひとつというよりは複合的に合わさっている場合が多いわけだが、ほかにも少数ではあるがさまざまな理由で地上現場から地下現場に赴くようになる人がいる。

小規模な現場のときから推していたグループが売れてメジャーになるという経験をした人のなかには、現場が大規模になったことでライブや接触の楽しみが失われたので小規模な現場に移る、というだけではない人もいる。売れていく現場の勢いや雰囲気が忘れられない、言うならば、そのときの「成功体験」が忘れられず、それを味わいたいがために小規模現場で同じようなことをしたがる人がいる。

2010年代初頭、ももクロは地下アイドルとも対バンするような規模、B・iSは普通に地下対バンライブに出ているような規模で活動していた。2・5次元的であり、ディアステージという店舗が母体という特殊な立ち位置ではあるが、でんぱ組.incも地下アイドルの括りのなかにいた。それらのライブに通っていて彼女たちがブレイクしていく過程を体験した人のなかで、もう一度同じような体験をしたい人が小規模な現場に通いだす。そういった小規模な現場のなかに地下現場も含まれていたという例だ。結局のところ、右にあげた三者に似た経緯で、その後に地下からブレイクしたアイドルは現在まで存在しないわけで、そういった成功体験を求めた人たちも、地下に適応するか、地上で対象を探すようになるかしたことだろう。

２０１０～11年ぐらいまでは現在ほどアイドルシーンが広いわけではなく、地下と地上の境目の認識が微妙であったが、現在では別の文化圏といってもいいくらい別ものである。両者の距離は離れており、そういったモチベーションで地下に来る人はもういないと思われる。現在、推してるアイドルが売れるという経験がしたい、勝ち馬にのりたい人は、地上の新人や半地下のグループでオタクをやっているのだろう。ただ、地下内での売れた・売れないという小さな範疇で、その種の欲望を満たしている人がいる可能性も否定はできない。

ただ偉そうに振る舞いたい

表現、距離、成功体験という理由は、アイドルの存在が重要な要素であるが、その存在が直接かかわらない動機もある。現場でのオタク間のヒエラルキーの上位であることを求めて、より小規模な現場に移行していくという例だ。ことさら多く見られる事例でもないが、まれというわけでもない。

そう言われても、アイドル現場を知らない人には意味がわからないかもしれない。「全員、ただの客でしかないでしょ？」と疑問を感じる人もいるだろう。しかし、人間が複数集まる場所でヒエラルキーを形成しようとする者が現れるのは、よく見られる光景であり、アイドル現場もまた例外ではないというだけのことだ。

アイドル現場などというのは男性がほとんどを占めているわけで、そういったマチズモが噴出しやすい場でもある。オタク間でいくつかの小さなグループが発生したり、その人徳から現場のリーダー的な存在になる人が自然発生してくるのはあたりまえのことで、とくに問題ではない。そうではなく、特定のオタクが意識的に派閥をつくり、現場を仕切って我が物顔に振る舞おうとする現象が見られる場合がある。そういうマチズモを発散させるための舞台を求めているようなタイプの人間が仕切っている現場というのは、たんにアイドルが好きなだけの人間にとっては居心地の悪いものだが。

当然ながら、そういう派閥のリーダー的な存在になり、オタクのあいだで名を知られた存在になれる人間など限られている。そういう志向をもっているにもかかわらず、自分がそういう立場になれなかった人間は当然面白くない。その現場でより強い立場になろうとする者もいるが、より居心地のいい小規模な現場に移って、そこで我が物顔で振る舞える環境を見出す者もいる。その現場でオタクのなかの強い立場に立てない者は、さらに小規模な現場、新しい現場に。個人で移動する場合もあれば、集団で移動する場合もある。そういったことをくり返していくうちに、そうとう小さな現場にたどり着いて……。

そうやって結果として地下現場に来るようになったオタクのなかには、自分の通っている現場のアイドルのことを本心では馬鹿にしている者までいる。本当は有名なアイドルの現場で強いオタクとして振る舞いたいけど、それができない。自分たちが強いアイドルオタクとして振る舞える場だから、しかたがなしにそこにいるだけなのだから。

そういう人間、そういう集団に居着かれた現場は災難である。演者に対して尊敬の念がないわけだから、ステージが重要視されるわけもなく、ライブ中は仲間内へのアピールの場でしかない。身内に向けた悪ふざけの場となってしまう。アイドルに対して尊敬の念がないとはいえ、「この女だったらいけるだろう」みたいな劣情めいたものはあるので、粗悪な求愛アピールをしたがる傾向もある。それ自体が仲間内に対するアピールであるのだが。

アイドルに対して敬意がないのだから、自分たちのグループ以外のほかのオタクにも敬意はない。露骨に馬鹿にしていたり、新規のオタクが来れば集団に組み込もうとしたり、それがかなわないと排除しようとする。純粋にそのアイドルが好きで現場に来ている人間にとっては迷惑でしかない。当然、そういう現場は新規に人が寄りつかなくなり廃れていくわけだが。

このように、アイドル自体がメインの動機というよりも、自分がしたいように振る舞えるアイドル現場を求めて、より小さな現場に移動する人間もおり、オタク社会というものが現場において重要な要素になっているのがうかがえるだろう。最近はそういう人間の仕切る現場に当たったことがなく、それは幸いであると思う。

地上を経由しないルートも

まれに、地上を経由しないで地下現場に来るオタクも存在する。

グラビアアイドルなど別ジャンルで活動していた子がライブ主体のアイドル活動をするようになり、もとからのファンがついてくる場合。ライブ主体のアイドル活動をしている子が他業種で人気が出て、そこでの新しいファンがライブに来るという逆パターンもある。グラビアアイドルとしては人気のあった篠崎愛が所属していたAeLL.が、とくに人気グループにならなかった例からもわかるように、たとえ他業種で大人気であっても、ライブの現場まで来るようなファンはそう多くはない。そもそも他業種での人気が高いわけでもない例も多い。そのため、ライブの現場では少数派である。ライブには来ていても、あくまで個人のファンであるスタンスから来ているので、ライブアイドル文化に染まってライブ現場系のオタクになっていくというコースをかならずしもたどるわけではない。また、グラビアアイドル(および予備軍)だけを集めたグループの系譜があるのだが、いわゆる地下アイドルのオタク層ではない独自の層がメインとなって支えているように思われる。

友人や家族に誘われて現場に来たり、偶然ネットで動画を見て興味をもって地下現場に来た結果、アイドルオタクとして定着してしまう例もあるが、ひじょうに珍しい希少なパターンである。ある意味、なにか新しいものに触れるということで考えれば、ひじょうに健全である。

外部からは均一的な存在だと思われがちなアイドルオタクではあるが、地上と地下のアイドルには現状では文化的な違いがあるように、地上のオタクと地下のオタクにも当然違いは生まれるし、地下アイドルのオタクになる動機やきっかけひとつにしても人によって違い、それらの動機も複合的に絡みあっている。地下のシーンにまったく興味がない地上のアイドルオタク、地上のシーンにまったく興味がないアイドルオタクがいる一方で、地上と地下を行き来するオタクもいる。双方の現場に通うといっても、地下と地上を別ものとして楽しんでいる人もいれば、地下を地上現場の代用品として思っている者、現地人の生活を未開な野蛮なものとして物見遊山に訪れる植民地時代の白人のような感覚で地下を訪れる者もいる。同じように地下と括られているものでも、界隈が違えばまったく知らないということも普通にあり、それぞれの界隈で独自の現場のあり方がある。

アイドルオタクとしてのあり方というものは、全体のなかでかならずしも明確な色分けができるわけではないが、複雑なグラデーションが形成されていて、まったく被らない者同士も存在し、単純にこういうものだとは断言できないのは確かである。

アイドルはなぜ地下を選んだのか

メジャーなアイドルに憧れて

本書では女性地下アイドルのオタクを中心に論じていくわけだが、前提として地下アイドルとはなんなのか、ある程度基本的な部分についても触れておく。

人はなぜ、地下アイドルになるのか？

その問いに関しては統一された答えがあるわけではなく、地下アイドルが1000人いたら1000通りの答えが出てくるような問題だ。オタクがそうであるように、一人ひとりにそれぞれのアイドル／アイドル文化に対する想いがあり、そしてそのうえで地下アイドルを選んだ、あるいは選ばざるをえなかった理由というものはあるはずだ。

ただ、いくつかの類型をもっておおざっぱに考察していくことはできるだろう。

まず、いちばん多いであろうものが、メジャーなアイドルに憧れてアイドルになろうとしたのだが、48系、坂系、ハロプロ、WACK系などの大手の開催するメンバー募集のオーディションに不合格であったり、アイドルを扱っているような大手の芸能事務所に所属することができなかった人たちが、それでもアイドルをやりたくてさまざまなオーディションを受けていった結果、合格することができた場所で地下アイドルとして頑張っているパターンである。

本人としては地上波テレビで見るようなメジャーなアイドル、地上のアイドル、憧れていたスターのようになりたくてアイドル活動を目指したわけで、べつに地下アイドルを目指して地下アイドルになったわけではない。

多くの地下アイドルが、このような過程で地下アイドルになり、自分の理想と現状の狭間で活動していくことになる。ただ、そういうきっかけで始まった人たちも、理想と現実の違いに心折れてしまいそうな人、それでも夢を諦めずにいまいる場所で頑張って活動していく人、いまいる環境で活動していくなかで新しい目標を見出していく人、なんとなく居心地がよくて続けてしまう人など、その後の活動のあり方は千差万別である。

また、オーディションに落ちつづけるなかで、自分にある程度の見切りをつけ、アイドルとして活動を始めた段階ですでに地上のアイドルとして成功することは諦めてはいるが、なにがなんでもアイドルとして活動したい、アイドルとして活動すること自体が目的であるという人が含まれているのも確かだ。

成功を信じて疑わない人

地上のアイドルとしての成功という夢を諦めずに活動を続けていく人に一見似ているのだが、ぜんぜん違っているパターンとして、地上のアイドルみたいになれると疑いもせずに地下アイドルとして活動している人というのもある。さすがにレアなケースではあるが、実際にそういう人は存在する。

夢を諦めない人というのは、現状をある程度客観的に認識したうえで、いつの日か多くの人に見つかってメジャーな存在になることを目指して活動している人である。運営も本気で売れたいと思って始めている場合も多い。運営とそういう気持ちを共有できているから、本人も諦めずに活動していくことができる場合も多い。運営サイドはそう言ってはいるが自分たちが生活できたらいいぐらいに本音では思っていて、メンバーだけは本気というパターンも、じつはよくあるのかもしれないが。

そういう場合とは別に、自分がいま置かれている現状を認識できないまま、これをやっていればいつか成功するとなんの疑問ももたずに活動している人というのもいるのだ。ひどい場合はオリジナル楽曲すらないというのに。いわゆる地下アイドルの活動としても底辺、地底の底の底でしかないような活動をしているのに、本気で将来の成功を信じている人はいるのである。

本当はこういう活動をやっていても売れないのはわかっているが、ある種のアイドル像のロールプレイとして「絶対に売れます」というようなことをライブ中のMCやSNSで語っているだけの人もいる。また、本当はわかっているのだけど夢がかなうことなどないという現実を直視したくなくて、意図的に信じようとして自分自身を騙《だま》している人もいるだろう。しかし、本気で現状を俯瞰で見つめることができずに信じている人もまれに存在する。志の低すぎる運営に小銭稼ぎの手段として利用されている、いわば騙されている人であり、アイドル云々ではなく、その人の人生自体がいろいろと心配になる。

研修としての地下アイドル

大手の事務所に属しているのに地下アイドルをやることになってしまった人、という場合もある。

ひとつのパターンとしては、事務所が成功を想定したアイドルグループを立ち上げてそのメンバーになったが、売れないままに活動規模としては地下アイドル、せいぜい半地下でしかない活動をすることになってしまった人たちだ。大手なのに売ることに失敗したグループに所属してしまった場合である。

また、大手事務所の場合は飼い殺し状態になっているタレントが複数存在する場合もあり、そういう子たちを地下アイドルとして稼働させて集金を企てるというパターンもある。大手ではあるが、最初からその先に集金以外のなにも設定されていないような活動である。

事務所が所属している若手の研修のためにアイドルグループを立ち上げ、活動をやらせるパターンもある。べつにそのグループで成功をすることは求められず、将来のために歌やダンスのスキルや舞台度胸を習得していくことを目標とした活動である。担当者の趣味性が色濃く反映されている場合が多い。初期のももいろクローバー（Z以前、もっといえば『行くぜっ！怪盗少女』がリリースされるよりもまえ）、最近でいえば963《くるみ》などはこのケースであると考えられる。

ももいろクローバーZの所属するスターダストは、ももクロが成功するまではアイドルをビジネスの主軸とすることはなく、スターダストのアイドルというのは女優やモデルを目指して事務所に所属している少女たちが本格的に選別されていくまえの期間に研修的にやらされるものにすぎなかった。ももクロはのちにメジャーな存在となったが、ももクロの元メンバーにより結成されブレイク前のももクロと同時期に活動していたクリィミー・パフェの活動は小規模なものであり、端的にいうと地下レベルでしかなかった。あくまでアイドル活動は余技であり、ある意味それでよかったのである。

963の場合もメンバーが求められているのは将来のタレント、グラビアでの成功であり、音楽活動、ライブを中心としたアイドル活動としての成功ではない。今後はメンバー個々のグラビア展開を中心にタレント的な活動のほうがメインになっていくだろう。

また、このパターンの変形として、グラビア系の事務所がグラビアで活躍中のメンバーでアイドルグループをつくるというのもある。不思議なもので、どんなに人気のあるグラビアアイドルがライブを中心とした活動を始めても、その人気に比例した動員があるわけではなく、地下アイドルとしての活動に終わることが多い。先にも触れた、ゼロ年代後半から2010年代初期にグラビアを席巻した篠崎愛が在籍したアイドルグループAeLL.の知名度はほとんどなかったであろうし、彼女のグラビア人気と比較すれば動員は本当に小規模なものだった。グラビアアイドルのオタクと、ライブを中心に活動するアイドルのオタクのファン層の違いを物語るものである。一般的にみれば両者は似たような層だと思われがちだが、両者を兼ねている人がいるにしろ、やはり違うトライブなのだ。

これらの例を端的にまとめると、アイドルを目指していたわけではないが、事務所都合でアイドル活動をやらされることになったパターンだといえよう。

最初にあげた例のように、アイドルを目指していく過程で地下アイドルという道を選ばざるをえなくなったのではなく、彼女たちの場合は、地下アイドルをやろうとしてすらいないアイドル活動の結果が、地下アイドルだとして評価されている人たちだといえる。そうした条件に含まれる人でも成功した人もいるし、あくまで結果でしかない。

地下アイドルになりたい

地下アイドルに憧れて地下アイドルを目指す場合もある。たとえば、まねきケチャのような半地下クラスの活動をしているアイドルに憧れてアイドルを目指した結果、地下アイドルになった例もこれに含まれるかもしれない。

メジャーな地上アイドルをきっかけにアイドル／アイドル文化が好きになって、よりマニアックな方向にそれを掘っていくうちに、半地下アイドル・地下アイドルのグループを好きになり、自分も活動してみたくなった人たちだ。それはある意味、自然なことである。

ただ、地上のアイドルに憧れる人はアイドルという概念／アイドル文化が好きというより、スターである存在として好きであるという人が多いであろうというのに比べて、地下・半地下クラスに憧れてアイドルになった人は、アイドルという概念／アイドル文化といったものにこだわりが強い人、オタクとしての属性の強い人が多い。もちろん、地上のアイドルに憧れてアイドル（地上・地下を問わず）をやっている人のなかにも、こだわりが強かったり、マニアックな人は当然いる。しかし、ある程度以上マニアックでなければ知ることがないような存在に憧れを感じている時点で、層のなかの厚みが違うと思われる。

こういった層に関しては特筆すべき時期がある。

2010年代初頭のB・iS、でんぱ組.incの成功の影響はまず運営側に大きく反映された。芸能畑ではない運営が地下から出発して地上のアイドルとして成功したこと。イメージ、楽曲など、それまでの既存のアイドルとは違うアイドルの姿を提示して成功したこと。それらが刺激となってBELLRING少女ハートやゆるめるモ！といったオルタナティブなアイドル楽曲・アイドル像を提示するアイドル運営が現れ、彼女たちがブレイクするのではないかという期待に溢《あふ》れていた時期があった。

また、そういったものの勃興とはべつに、ももクロ〜B・iSの表層の過激なイメージだけを商業的にとり入れたアリス・プロジェクト（アリス十番〜仮面女子）が「地下アイドル」という言葉を戦略的に使って、シーンで知名度を上げていった流れも忘れてはならないだろう。

そういったグループの影響下で新しいタイプのアイドルをやろうという運営、芸能畑以外からのアイドルビジネスの参入が増加していったのが10年代中盤。クリエイティブな面での影響から、たんにビジネスとして成立するものだということからの影響まで含まれる。

そうやって増加した受け皿にビッグ・マイナーな存在に憧れた女の子たちが自分の目指

すアイドル像に近いものを感じて加入したり、セルフ・プロデュースでアイドル活動を立ち上げていく流れが生まれた。

地下アイドルに憧れて地下アイドルになった層が増加したのは、10年代中盤のこの時期だと思われる。

あそこなら好きにやれる

同様の時期に、表現の場として地下アイドルという場所にたどりついた人もいる。アイドルという形式のなかで多様な表現が許容されることが増えた2010年代中盤のことである。

こういった人たちにもいくつかのパターンがある。

まず、アイドル自体には興味がなかったが、運営が提示した音楽性などに興味を抱いてアイドルになったパターンがある。自分の好きなクリエイターがプロジェクトに参加していたので、興味をもってオーディションを受けてメンバーになってしまったような例である。

また、なにか面白いことをやってみたいが、自分でなにかをつくるようなスキルを持っていないような人が、地下アイドルというものに可能性を感じてオーディションを受けて活動を始めるパターンもある。「地下に憧れて」という例に近いといえば近いのだが、憧れてというのとは少し違う。「あれだったら自分もできるかもしれない」「あそこだったら自分の好きなことがやれるのかもしれない」といった想いのほうが、特定のアイドルに対する思い入れよりも強いパターンである。

すでに音楽畑で創作活動、ライブ活動をおこなっていた人が、なんらかの可能性を感じて「地下アイドル」としての活動を始めるという場合もある。単純に活動の場を地下アイドル方面に移して、地下アイドル的なマネタイズをとり入れるというだけの人もいれば、完全に表現自体をアイドルに寄せてきて活動する人もいる。

本来、商業的に成功する可能性のある表現をやっている人がいままでの活動ではうまくいかず、マネタイズが容易であるという点から単純にアイドル方面に活動の場を移す例が多い。女性シンガーソングライターが、そういうふうに活動の舵を切るというのは、よく見られた例だ。

しかし、どんな表現をやっていても、接触などをとおしてマネタイズがしやすいというアイドル独特の環境下でさまざまな表現が実験的におこなわれていた当時のシーンの状況を見て、「あそこなら好きなことをやっていける」ということで自分がやりたい特異な表現をやる場を求めてシーンに参入してくる人間もいた。

一時期のシーンの状況によって、才能のある女性表現者が地下アイドルとして活動するという事態を生んだ面は確実にある。

そのほかのきっかけとしては、「再スタート」と「偶然」がある。

地上で活動していた人がいったん引退したあとに、どうしてもアイドル活動をやりたくて、地下アイドルとして再スタートをきる場合。アイドルを続けるために地下アイドルという場を選択した人たちである。

そして、本来はアイドル活動（アイドル自体）に興味がなかったが、偶然のきっかけで地下アイドルの道に足を踏み込んでしまった人もいる。

これにはいくつかのパターンが考えられる。知人に地下アイドルをやらないかと誘われて、なんとなく面白そうだったからやることにした場合。知人が地下アイドルをやっていて、見にいったら面白そうだったから、自分もやることにした場合。※●コンカフェ（コンセプト・カフェ。メイド喫茶と同じ業態であるが、とくにメイドというコンセプトに限らずに営業している店も増えており、それらを表すための名称と考えれば、さほど遠くないだろう）のバイトの延長でライブハウスでライブをやることになり、地下アイドルとして活動するようになってしまった場合。

たいていの場合、アイドル自体にさして興味がなく、あったとしてもメジャーなアイドルを多少好きなぐらいで、地下アイドルに対して知識がまったくない、アイドルオタクではないタイプの人が多い。

アイドルでありたければ、その人はアイドル

いくつかの類型に分けて考えてきたが、ハッキリと線引きできるわけではない。

複数の要素が重なっている人もいるし、とくに「地下に憧れて」と「表現の場」、「表現の場」と「偶然」の境界線は人によっては曖昧《あいまい》であると思われる。表現の場を求めながら、特定のアイドルに強い影響を受けてのめり込んでいた人もいるだろうし、自発的にアイドルという場を見つけなかったというだけで自分を表現する場を求めていた人もいるだろう。「再スタート」の場合に当てはまる人たちはアイドルを続けるために地下アイドルを選ぶわけだが、アイドルを続けることの目的を細かく見ていくなら人によって違ってくるわけで、「メジャーに憧れて」の延長線上にいる人もいれば、「地下に憧れて」「表現の場」に近い人もいるだろう。

「研修」と「偶然」に関しては、外的要因からアイドルになった人たちなので、アイドルに興味がない、アイドルになりたかった人ではない人が多く含まれることになる。コアなアイドルオタクはいないだろう。「地下に憧れて」に関してはすでに書いたようにコアな

オタク層がもっとも多いと思われる。「メジャーに憧れて」に関しては漠然とスターに憧れている人から、コアなオタクまで幅広い層が含まれる。

きっかけはなんであれ、それぞれが自分のおかれた状況のなかで自分の目標を見出して活動している。それもおおまかに分けると3つになるだろう。売れるための過程。地下アイドル現場という場での活動をアイデンティティーとする。自己表現の場。これらも明確に線引きできるものではなく、複数の目標が重なっている場合もあれば、ときとして入れ替わることもあるだろう。スターを目指して地下アイドルになった人が、地下アイドルとしての活動を継続することに目的を見出したり、表現の方向に舵を切ることもある。表現の場、それもオルタナティブな表現をやることを目的として地下アイドルという場を選択した人が、売れることを目標にし、そういった活動に方向転換することもある。

ただ、だれに対してもいえることは、アイドルであるという状態でありたいと思って活動しているあいだはアイドルであるということである。

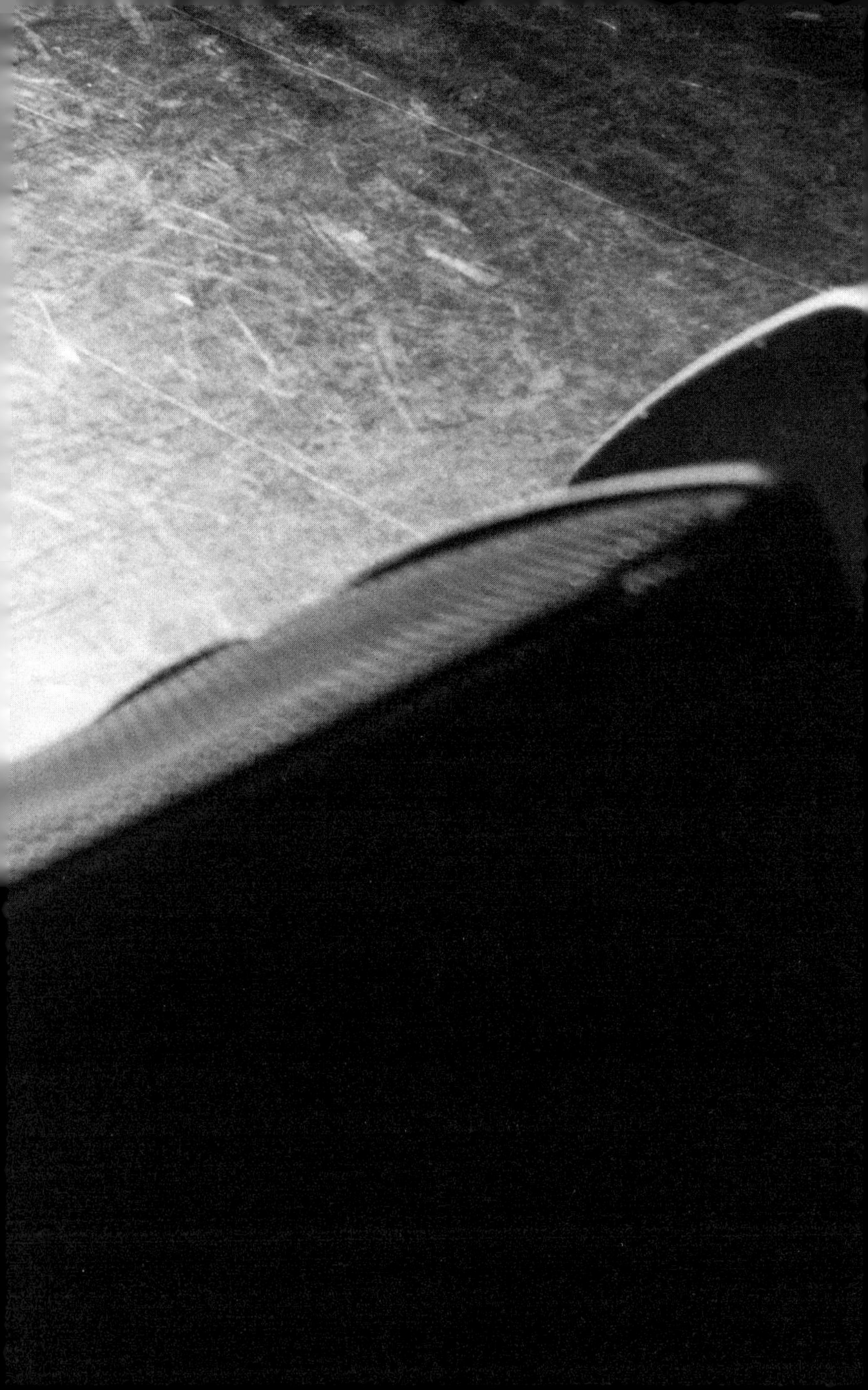

2章

オタク同士のつきあいかた

地下アイドル現場のリアル

なにもかもが「近い」地下現場

地上と地下のオタクの大きな違いとはなにか。まずなにより、アイドルと直接に接する時間の絶対的量の差やステージを観るさいの物理的な距離感から生じる、関係性の濃さにある。

まず、ライブの本数が多いこと。地上アイドルはCD販売店やそれが入ったショッピングモールでおこなうようなリリイベ（CDなどのリリースイベント）でもないと連日ライブをすることはないが、地下アイドルのライブは週に5日稼働、土日は2現場ずつというグループも珍しくない。多い人だと週に5回以上は顔をつきあわせることになる。それだけ同じ人と仕事以外で会うことなんて、社会に出てからはないわけで、精神的な距離感が近くなるのは当然のことだ。

そして、ライブのさいの物理的な距離の近さもまた重要だ。地下アイドルのライブではアイドル側が客席にダイブしたり、ライブ中にステージから客席側に降りてきてパフォーマンスしたり客を煽《あお》ったり、客の上を歩く、客を叩《たた》くなどのパフォーマンスをするアイドルも主流ではないが珍しいわけではない。ダイブなどというものは客が受けとめて支えてくれないと、床に直接叩きつけられてしまう。客が満員の会場なら自然と受けとめる感じになるが、客がまばらな地下現場では客側が意識的に支えにいかないと成立しない。演者側がオタク側を信頼しないとできないことだ。客席に降りる行為もそうだし、物理的にオタクを利用するパフォーマンスだってそうだ。不用意に近づいていっても危害を加えられないという信頼がなければできないことである。

これらは極端な例ではあるが、小規模な現場になるほどステージと客席の物理的な距離は近くなるし、直接アイドルに触れようとしたら触れられるような物理的な距離でライブはおこなわれる。その臨場感と、野放しの環境のなかでショーとして成立させる共犯性は、見る側にとっても演者側にとっても、精神的な距離感の近さを生成させる要素のひとつになる。

距離感が違うのはアイドルに対してだけではない。アイドルとの距離感もそうだが、運営との距離感も絶対的に違う。

地上と地下のビジネスの違いを考えてみるに、地上はメディアを通じて収益を得る（大手企業のＣＭへの出演など）ことを目指した活動だが、地下はライブ活動をとおして得られるチェキなどの売上の収益で成り立っている。大手事務所に所属して活動をしているのに地下でしかないアイドルが生まれるのは、この部分がうまくできなかったからである。

地上が想定するファンは飲食チェーン店の開発部が想定するような属性だけを考慮された顔のない顧客だが、地下が想定するファンは個人店にやってくる直接顔をつきあわせる客のようなものである。

プロデューサーについていえば、地上の運営はオタクにとっては概念のようなものであるが、地下のオタクにとっての運営は人間であり、人格的なものが大きく考慮される。現場の規模が小さいほど運営に対する個人的な好き嫌いが大きく作用する。地下アイドルの絶対量は多い。アイドル自体が同じぐらいのレベルなら、運営の感じのよさというのも現場選択のさいの条件として大きく作用してくる。

地下のほうがオタ活費用はかかる

また、個人差はあるが地下のオタクはアイドルや運営について驚くほど知っていたりする。たんにアイドルや運営との現場での距離感の近さからくるものだけではない。アイドルや運営自体がオタクのコミュニティーの出身であることが多い。オタクのなかに、もとからアイドル・運営の知り合いがいることがあるということだ。また、アイドルをやめた子がコンカフェで働くようになると、もとのオタクが店に行くようになるわけだが、そこでも情報は流れていく。引退しているアイドルだけではなく、現役の子がコンカフェなどの接客バイトをしている場合もある。オタクが意図的に情報を集めていこうとすれば、比較的容易に集められるのが地下なのだろう。

地上のスターアイドルとはまったく違った距離にいるのが地下アイドルであるのだが、やはり友だちではないし、一線を画した存在である。アンダーグラウンドのパンクバンドが自分の知り合いの知り合いだろうが、普通に話すようになろうが、自分にとってヒーローであるように、アイドルはアイドルなのである。この微妙な距離感が大切なのだと思う。

地下現場というのは中年から初老の独身男性が圧倒的に多い場所である。ピンチケ※（AKB劇場での中高生向けチケットの色がピンクだったことから、若年層のオタクを指す）といわれるような若年層は数少ない。

地上と地下だと、地下のほうがライブなどにかかる単価は安かったり、CD複数枚ビジネスの規模が小さいので、地下のほうがお金がかからないと勘違いされる場合があるが、前述したようにライブの回数はケタ違いだ。日々のオタ活への誘惑の機会が圧倒的に多いのだ。誘惑に負けてライブに通えるだけ通っていれば、総合的なオタ活にかかる費用は地上のオタクをやっているよりも多額になってしまうことはざらだ。

一般的に若者はそんなに金銭的な余裕があるわけではない。若いアイドルファンは疑似恋愛に比重をおく傾向があり、ライブや楽曲の楽しさよりも容姿を重視するというのもある。金もないのに自分の好みの子を探してライブハウスに通うなんてことをやるよりは、メディアが提示してくれた可愛い子に狙いを定めたほうが楽なのだ。

地下アイドルの魅力は、距離感の近さと地上のアイドルにはないニッチな表現のふたつである。変な話だが、※●ガチ恋傾向の強い中高年男性が地上から地下に来るのは相手にしてもらえるからである。現場規模が大きければ大きいほど、金を使ってもほかのオタクとアイドル本人からの扱いに差がつかない。タニマチ的な欲望は満足するかもしれないが、本人から相手にしてほしい人にとっては意味がない。現場の規模が小さければ小さいほど、金を使うことで本人に相手にされる機会がわかりやすく増えるし、感謝もされやすい。容姿に対するこだわりを緩めながら、相手にしてくれる子をひたすら求めていく感じになる。

それを味わうには資金が必要であり、普通の若者がそんな遊びをやる金銭的な余裕はあまりないだろう。べつにニッチな楽曲やライブにこだわりがないなら、規模の大きな現場で好みの子と接しているほうが合理的である。

地下現場がお金と時間の自由がきく独身の中高年男性（離婚経験者も少なくない）が中心の世界だとはいえ、既婚者もいる。既婚者の場合、夫婦双方がなんらかのオタ活をしているのでたがいの活動に理解があり、オタ活が許されている場合も多い。ただ、地上の現場では比較的夫婦連れで同じ現場に通っているような例を見かけるのだが、地下現場ではあまり見かけない。筆者の知っている既婚オタクだと、夫婦ともにアイドルオタクだが別の現場に行っている例しか知らない。

また、配偶者に隠して嘘をつきながらオタ活をしている人もいる。地方から出張と称して東京の地下現場に通っていたような人が、ＳＮＳのアカウントが見つかって嘘がバレた結果、あたりまえだが夫婦生活の危機を迎えたらしく現場に現れなくなったという話があったが、これはリスクが高い行為である。既婚者のオタクが突然現場に来なくなったら、家族バレ、家族がキレたという理由を考えるべきだろう。

高齢化が進む地下現場

そういえば地下現場には、中高年層が好むタイプの音楽性のアイドルが地上以上に多い。それは音楽性問わずであるし、地上のアイドルよりもその傾向は顕著である。Ｊ-ＰＯＰだろうが、メタルだろうが、ポストパンクだろうが、HIPHOPだろうが、その年代が喜ぶような傾向のものが多い。意図的にその年齢層に向けているところもあるし、同世代の音楽畑の人間が運営を始めることが多いのもあるだろう。なにか考えたわけではなく、たんに運営側のセンスの古さが出ているだけのこともある。なんであれ、一般的に中高年にとって居心地のいい音楽が鳴っている場所を見つけやすいのだ。

とくにB・iSのブレイク以降の流れから参入してきたオタクは、どこまでマニアックかは置いておいて、パンクやメタルやアンダーグラウンドなロック、90年代日本語ラップといった音楽を好んでいた層も多い。そういう人たちは旧来のアイドルポップスが音楽的に聴けなかったり、聴いてることを人に知られるのが恥ずかしかったりしたわけだが、地下現場には彼らが慣れ親しんだ音楽をやっていたり、彼らの周囲の非オタクの人に言い訳ができるような楽曲をやっているグループが活動しているわけで、ハマることへの心理的障壁が少なくなる。地下アイドルの一部が見せるオルタナティブな方面に舵を切った楽曲は、じつは音楽的革新性・冒険などではなく、アイドルポップスが苦手なタイプの中高年に向けて彼らが聴きやすい曲をやってあげるという優しさなのかもしれない。まあ、実際はそんなことは意図していないと思うが。

深い地下現場になればなるほど若者の数は少なくなるし、年々減っていっている。アイドルブームの収束につれ、アイドルオタクに新しくなる若者が年々減っているため（そもそも出生率が下がっていく一方だ）、地下まで来るような若者が生じる確率も減っている。

2010年代初頭には、地上から地下に若者が移行するということは珍しくなかった。

エビ中（私立恵比寿中学）の現場の若者がB・i・S経由でサブカル系といわれるような地下アイドルで暴れるようなオタクになっているようなことも、そんなに珍しい出来事でもなかった。しかし、10年代のあいだにアイドルの総数は増加しつづけ、地上と地下のあいだの半地下といわれるような層がひじょうに厚いものになっている。地上から離れるにしても、若者むけの色合いが強い半地下（若者が普通に恋愛対象にできる年齢やタイプのメンバーでグループが構成されている）で留まるか、半地下層と隣接するような地下のトップ層までしか移動せず、地下らしい地下まで降りてくる若者の数は確実に減っている。

地下現場に来るようになる若者は当然少数派であり、趣味に対する追求心がひじょうに強いタイプか、相手にしてくれるアイドルを求める心が異常に強いタイプかのどちらかである。どちらにしろ、自分が通っているような現場の傾向や規模だと若者が来ることは珍しく、来た場合はひじょうに個性的な人物である場合が多い。

女オタクには若者が多い

地下のオタクのなかで女性が占める割合というのはひじょうに少ない。一般に女性アイドルが好きな女性自体が比較的珍しい存在であり、芸能的なものへの憧れが女性アイドルを好きな大きな要因になっているタイプの人にとっては地下現場にはそれを満たす要素がないわけで、地下現場まで来る人間はさらに減る。

女性では年齢による人数の比率が男性とは逆転する。若い人ほど多い。中高年女性が現場にいても演者の関係者である場合が多いが、少数とはいえ中高年女性のオタクも存在はしている。

若い女性の場合、男性オタクにかまわれる（たんなる年長者の親切から、下心むき出しのものまでいろいろだが）ことが多く、優遇されがちではある。特定の男性オタ集団に囲いこまれるようなかたちで現場に存在することも多い。

余談だが、いわゆる現場系の女オタでも、単独で現場に行くタイプではなく、軍団的なオタク集団に属するような感じでオタ活をしていたような人が、小規模な活動の地下アイドル、それもオタ活をしていた界隈に近い地下アイドルになる場合に発生しやすい問題がある。

それはアイドルとして活動中に、オタク時代の人間関係が反映されてしまうということである。

以前の人間関係を継続したままの状態でもともとの仲のいいオタク集団が現場に来るようになり、実質的なつながり状態が形成され、特定のグループを優遇したり、情報漏洩をしてしまったり、同じグループのメンバーとオタク集団をつなげてしまったりするようなことは問題外である。アイドル側は公私をわきまえるべきだし、オタク側もそのアイドルの現場では一歩も二歩も引いたかかわり方をするべきであると思う。それは大規模な現場だろうが、小規模な現場であろうが変わらない。

問題は、そういうことに気をつけていても、オタ活時代を見知っているオタクには以前からの交友関係が知られていることで、仲のよかった軍団にほかの界隈から嫌われているようなオタクがいた場合、「あのオタクの友だちでしょう」というような目で見られて、推してくれるオタクがつかない可能性があるということである。べつに嫌われていたりするような界隈でなくても、オタク時代に特定の軍団に囲いこまれたりしていると、その軍団のイメージ混じりの先入観で見られてしまう。

本人のアイドルとしての姿勢になんの問題もなくても、そういうことは起こってしまうし、気の毒な話ではある。小規模な地下現場というのはオタクとオタクの距離に関しても、それぐらいひじょうに近い距離で成り立っているものだ。

もちろん、特定のオタクに囲いこまれることはなく、現場内の派閥を超えていろんなオタクに可愛がられているというあり方も多い。個人の場合もあるし、若い女の子同士で集団を形成している場合もある。

一方で、若い女性でもたんなる厄介オタクと扱われている人もいれば、個人として面白い人として受け入れられている人もいるし、オタクとはかかわらずにひとりで行動する人もいて、オタクコミュニティーのなかでの若い女性がちやほやされる存在であるとはかならずしもかぎらない。逆に、自分が優遇される存在であると思っているのを露骨に出して振る舞うことで敬遠される例もある。中高年女性の場合は男性オタクと同じような感じで、自然にコミュニティーに参加したり、しなかったりという感じだ。

また、オタクコミュニティーのなかでオタク同士で恋愛も起こるし、そこから揉《も》めごとが起こることもある。おじさんが若い子に一方的に入れあげて向こうはぜんぜん相手にしてないみたいなことも起こる。おじさんが若い子にというのも、オタク特有の病理とかいうよりは、世間一般で見られる問題ある光景だと考えるべきだろう。

昔から、ある程度以上に現場の規模が大きくなると、若い女の子のお金のなさにつけこんでいろいろおごってパパ活めいたことを目論《もくろ》む者が現れるが、それが地下現場で横行しているかといえば疑問だ。地上現場では10代少女にそういう活動をしているオタクの噂は聞いていたが、地下に行けば行くほど10代少女自体が少なく、いたとしても小規模な現場だと監視の目が自然と行き届くのもあるのかもしれない。ゼロ年代初頭に地上現場で知り合ったとおぼしき少女たちを地下現場に引き連れてきているオタクは見たことがあるが。

コミュニケーション能力に難があり妄想性の強いオタクが、女オタになんらかの問題行動を起こすことを想像する人もいるだろうが、そういうタイプはオタク同士でも会話が成立せず、女オタに近づくことすらできないので、女オタとそういうオタクのトラブルを聞くことはあまりない。そういうオタクがトラブルを起こすのは、接触をとおして会話を成立させてくれているアイドルに対してだ。

グッズは課金の理由づけ

アイドルオタクには、世間に認めてほしい派と、世間に受け入れられなくてこそなんぼ派と、世間を気にしてない派の3種類が存在する。

ライブ中の行動もそうなのだが、グッズに対する意識もそうだ。普段着られるようなデザインのTシャツを求める人。普段着られないようなアイドルグッズでしかありえない恥ずかしいデザインのものを求める人。デザインのことは気にせず、そのアイドルのグッズであるから買うし身につける人。オタクを長くやっていると、風狂を気どってあえて恥ずかしいものを喜ぶようになる人が多いが、あくまで人工的なものだ。そのアイドルのものだからという理由だけで買う人の凄味にはかなわない。それはオタクとしての到達点のひとつではあるが、それが社会人として正しいかはわからないのも確かではある。

運営側が普段使いできると想定して作ったグッズ、オタクが普段使いできるデザインだと思っているグッズも、本当にそうかは疑わしい。センスの基準・方向性はいろいろあるが、それぞれの方向性でデザインに関して高い意識の人が見て、よいセンスだといわれるようなものは実際のところはあまり存在していないのが実情だろう。

アイドルのグッズというのは記念品であり、課金するための理由づけみたいなものなので、デザインとかはどうでもよく価格帯のほうが重要であるというのが本当のところだ。それがチェキフィルムの殻というゴミにサインしたものだって、つけた値段で買う人がいれば成立する。ただ、それを面白がってくれる人もそんなにいないわけで、適度な品質、適度な価格のものが売れるし、人気が上がれば適度な価格というのは上がっていくものである。

デザインはべつにどうでもいいのだが、Tシャツに関してはある程度、衣類としての強度は求められる。アイドルTシャツは、そのアイドルの現場で、そのアイドルのオタクであることを示すために着るという役割がある。あまりペラペラの布地ではさすがに衣類としての機能に問題があるのである。

チェキの値段づけもそうだ。新規客を獲得したいところは価格を安くし、ある程度以上固定ファンが増えていくごとに値上げをしていくのが正しいあり方である。アイドルごとに500円~2000円まで、地下現場のチェキの価格には幅がある。それはそれぞれの状況（メンバーと裏方でかかわる人数、ライブの本数、運営母体の特質、集客規模、結成からの時間）をふまえたうえで値段が決まっているわけで、「1500円のところが多いからうちも」とか個別の状況を考えずに決めてもしかたない。個別に抱えているさまざまな条件をふまえたうえで適切な価格を出さなければならない。固定客もおらず、小さな規模の現場にしか出てないのに最初から1500円に設定している新規グループなどは、軽い気持ちでお試し的にチェキをとるには高い価格設定であり、間口を狭めている点で間違っていると言うしかない。

オタクとしての徳と形《かた》

無銭・低価格で観られるライブだったり、チェキ代が安かったりすれば、アイドルだったらなんでもいい人も実際にいるが、低価格ライブ・低価格チェキのアイドルにばかり通っているような人がみんな値段で選んでいるかというと、かならずしもそうではない。趣味性で選んだ結果だということもある。低価格なところしか行かないと思われがちな人が、ある現場（新人・固定ファン少ない）ではチケ代高めのライブで1500円のチェキを複数枚撮っていたりもする。こういう人は価格で選んでいたわけでなく、この人の好きなアイドルはたまたま人気がないところが多く、小規模現場にしか出ていなかったり、チェキ代を新規獲得のために安くしたりしていたところが多かったという話であり、ニッチな趣味性の問題でたまたまそう見えたという話だ。なんでも単純化して見るのはよくないという話である。

特定の層がいつも同じような価格帯のアイドル現場にいることはあるが、価格で選んでいるというより趣味性をもとに選択するとそうなるということが多いと思われる。その人の趣味性で選んでいくと、そういう方向性のアイドルはそれぐらいの規模の活動で安定することが多いというだけの話だ。経済的理由で無銭現場にしか行かないような場合をのぞけば、単価が高い現場に通うオタクも、単価が低い現場に通うオタクも、オタ活に費やす金額は変わらない。

オタクは長く続けるほど「オタクたらん」とする傾向があるということを書いたが、「オタクたらん」とする時点でオタクとしては不純であり、目の前に現れたアイドルに対する自然な反応として独自の行動をしてしまうような人と比べれば、オタクとしては徳が低いのである。

オタクの現場での行動には基本的な「形《かた》」が存在する。たとえば、ＭＣ中や曲が始まるときに入れるガヤ。そのテンプレをどういうふうに解釈するか、現場のその場の雰囲気を察してどのように当てはめていくかというところに各人のセンスが出てくる。

ガヤ自体を許せないオタクもあれば、特定のオタクのガヤを楽しみにしているオタクもいる。ガヤは嫌いだが、あのオタクのガヤはいいみたいな人もいる。メンバーとオタクの距離・関係性もそこに反映されていく。例外的な人物をのぞき、オタクのやることなんてガヤにかぎらず基本的な「形」はいっしょだが、それをどのように解釈して発するかでその現場の固有の空気が形成されていく。テンプレをそのままやるのか、テンプレを少しずらして異化するのか、テンプレの存在自体を否定するのか、解釈は人によってさまざまだが、考える起点に「形」があるのは変わらないのである。

同じような音楽性のアイドルなのにライブの雰囲気がぜんぜん違っていたり、片方にはいるが、もう片方にはいないオタクが多くいたりすることがある。小規模現場では特定のオタクが現場の空気をつくることになりがちだ。それを受け入れられるかどうかで現場にいるオタクの面子《めんつ》も変わってくる。受け入れられるかどうかを問われるのはオタクだけではなく、メンバーもいっしょだ。そうやってできた空気次第で、来る層も決まり未来も変わってくるのも確かであり、オタクはけっして現場の主役ではないがアイドルの未来に関する重要な要素をよくも悪くも担うこともある。

オタク社会の行動原理

オタク社会のヒエラルキー

人が集まる場所には「社会」というものが形成されるわけだが、アイドル現場もまた例外ではない。現場に行くことによって、日常で過ごしている「社会」とはまた別の「社会」をオタクは過ごす。

すべてのオタクはアイドルの前ではたんなるオタクにすぎない。社会的な地位のもつ意味合いはすべて剥奪され、大学教授だろうが、企業の重役だろうが、ただの高校生だろうが、実家住まいの40代無職だろうが、一律オタクという意味が与えられる。その結果、年齢・職業・思想などがすべてバラバラの人びとが対等の立場で交流し、日常では出会わないような人同士で飲みにいったりしながら、社会を形成していく。

そう聞くと、平等でヒエラルキーのない素晴らしい空間のように思えるかもしれない。しかし、実際には日常のヒエラルキーを決めているのとは別のルールによってヒエラルキーが決まる、あるいは決めようとする人間がいる社会でもある。そして、そこには財力・体力・知力・容姿・派閥形成力など、さまざまな要素が介入してくる。また、アイドルをめぐる価値観も多様であり、ある価値観をもつ界隈ではヒエラルキーが下だとされる者が、別の価値観のもとではヒエラルキーが上の人間だとみなされている場合もある。

たとえば、アイドルとつながることを目的としている界隈と、アイドルのライブを楽しむことを目的としている界隈が同じ現場にいたとする。実際にアイドルとつながったオタクがいたなら、前者にとっては上位の存在であるだろう。しかし、つながったメンバーが辞めたりすることでグループの存亡に影響を与えるような行為をする者は、後者にとっては許されざる存在、下の下の存在だと認識されるだろう。

沸くことをよしとする者。文化的に観賞することをよしとする者。ひとつの現場でTO（トップ・オタク）だとほかのオタクに認識されることを目標とする者。複数の現場で楽しんでいくことを目的としている者。そういう価値観が交錯しているのがアイドル現場であり、ひとつの価値観で統一されているわけではないし、いさかいもある。オタクはみんな仲がいいというのは幻想でしかない。

いろんな価値観の集団や個人が、それぞれの思惑を胸に現場で活動し、なんとなく形成されているのがオタクの「社会」である。ただ、それぞれの欲望にプリミティブに直結しているため、日常社会よりはある意味シンプルである。

記念イベントから見えるオタク社会

生誕・卒業・ワンマン・周年・解散といった節目となるイベントでは、オタクが有志で会場にフラワースタンドを贈ったり、観客の人数分のケミカルライトを配付したりすることが多い。生誕であれば、生誕メンバーに贈る誕生日ケーキやプレゼント、ファンやメンバーと仲のいいアイドルからのメッセージカードや寄せ書きを渡すことが多い。

現場の規模にもよるが、ケーキや花束などは共演者や関係者等にステージ上で渡してもらうことが多いが、コロナ禍以前には、小規模な現場ではフロアーからオタクがステージ上のアイドルに直接渡す光景がよく見られた。

そういったものを購入する資金は、有志からの個人的な持ち出しとそれ以外の人からのカンパ（会場や事前にネットでつのる）によってまかなわれる。

仲の良い悪いに関係なく希望者が参加するものであるが、現場規模が大きくなると、特定の界隈が仕切り、それ以外のオタクを排除することもある。熱心なオタク、アイドル側から推されているようなオタクでも、自分たちのグループでないからと声をかけられない場合がある。そこは世間と変わらない。

また、オタク間のマウンティングに利用されることもある。金額をかけて豪華にしたり、オリジナリティをだしたりすることで、自分の力を誇示することに使うわけである。同じメンバーを推すほかのオタク、ほかのメンバーを推すグループに対する誇示、現場全体での自分の地位の確認など、目的や対象はいろいろではある。

グループアイドルの生誕イベントだと、メンバーの人気によって有志の数に開きがあり、それによって差がつく可能性があるわけで、そこを避けるために横並び一線で同じようなことしかしないように暗黙の調停が働くこともある。オタクが少ないメンバーのために、ほかのメンバーのオタクが気を使って生誕委員に参加することもある。生誕を仕切るようなオタクがいない場合は、ほかのメンバーのオタクが生誕を完全に仕切る事態も起こる。メンバー間の不均衡をできるだけ避けるために、オタクが気を使うのだ。

周年やワンマンといった現場の全オタクにとって喜ばしいイベントに関してはともかく、生誕に関しては、やりたくてやっている人もいれば、ほかがやっているからしかたなくやっている人(心情的には、イベント化していろいろ用意しなくても、個人的に祝うだけでよい人も当然いるわけで、祝う気持ちがないというのとは違う)もいる。やりたくてやっている人のなかにも大好きで祝いたい気持ちが強い人もいれば、オタク社会へのアピールのためという気持ちが強い人もいるが、単純にどっちとも言いきれない人が多いだろう。

記念ライブに関するオタク有志による催しは、アイドル側の体面、オタクの面子、オタク間の人間関係がかかわったひじょうに社会的な行動であるといえる。

対バンが生みだす交流

オタク同士の交流というと、同じ現場に通う仲がいいオタク集団を普通は考えるだろう。それはべつに間違っているわけではない。ひとつの現場で形成された集団が、別のアイドルの現場に集団ごと移動していく例もよく見られる。そういった集団は、集団内でひとつの社会が形成されているわけであり、それを形成しているそれぞれの人間にとって、その関係性はひじょうに重要なものだ。アイドル現場に訪れるモチベーションとして、「アイドル現場にいる俺たち」が重要な意味をもっている人たちであろう。そこには、同一の価値観で結ばれた濃厚な関係性が存在する。

しかし、一方では、ひとつの現場で「集団」であるかのように見えていた集まりが、その現場がなくなってしまうと、それぞれ別の現場に散っていく例も珍しくはない。個々の理由や趣味性によって、たまたま同じ現場にいた人たちが、おのおのの欲望に従って、それぞれの欲求にあった新しい現場に赴いていく。対アイドルをアイドルオタクとしての活動の中心に据えて行動するという価値観で考えるならば、ひじょうに健全な動きである。

こういった個人がそれぞれのオタ活をしながら、別の現場でまたいっしょに定着することになったり、複数のアイドルが出演するイベントでたがいの通っているアイドルが共演したときに交流をもったりしながら、つかず離れずで良好な関係性を保っていくことになる。たがいの職業や家庭の事情まで把握している集団もあれば、何度となく顔をあわせ何度も飲みにいってるのに本名すら知らない関係性もある。その濃淡もさまざまだ。

複数の演者が出演するライブのことを、アイドルの世界でも対バンと呼ぶ。対バンのバンはバンドから来ているもので、もともとはバンド界隈で使われていた用語が、アイドルがライブハウスで活動することが多くなったあたりから流用されて使われるようになったものだろう。対バンライブといっても、規模によって意味合いが異なる。フェス的な意味合いの大規模なものや、ある程度以上動員のある者同士が共演する特別なイベントとしての色のあるもの。地下・地底アイドルの大半は、単独で利益が生みだせるライブが恒常的におこなえるような動員規模ではなく、複数のアイドルがブッキングされるかたちでライブがおこなわれる。日常的におこなわれている地下・地底アイドルのライブの大半が、そういう小規模な対バンライブである。

そういう小規模な対バンライブも、ライブの企画者ごとに出演者の傾向がある。一定の音楽的方向性や活動の方向性が重なるものが集められている場合もあれば、たんに動員数が同じような小規模グループを集めただけのライブもある。後者は寄せ集め的な企画であり、企画としての明確なカラーがないのだが、そういう企画に出るのはデビューまもないか、明確な方向性・戦略性があまり感じられないグループが多く、キャリアを積んで自分たちの方向性にあった対バンイベントに出ていくであろうグループをのぞけば、わりと均質な手触りであって、そこに集まるオタクにもなんとなく独特な傾向があったりもする。

結局のところ、同じ企画に出ている対バンのアイドルも、観にいくオタクの嗜好にある程度あう者が出演している場合が多いし、対バンのオタクとも嗜好が近い場合も多い。そういうライブに通っていくと、同じアイドルの現場に通っていたわけではないが、よく対バンになるアイドルのオタクの人と顔をよく合わせることで仲よくなるということもある。そういう複数のアイドルのオタク同士が交流することで、一定の界隈めいたものが形成されている場合もある。

また、企画自体がコンセプチュアルである場合は、どこのアイドルのオタクという括りではなく、その企画に行けば自分の嗜好にあったアイドルを複数観たり、新しく知ることができるということで、その企画自体のオタクめいた括りで界隈が成立する場合もある。

同じ出演者でも企画で客層が変わる

こういった界隈の形成は、ひとつのアイドルに忠誠を尽くすようなオタクではないタイプの、ほかのジャンルの音楽ファンに近いスタンス（あくまで近いだけであり、演者に対する精神的な距離感の問題がある以上、同じではない）でライブに通っているようなタイプのオタクによってなされるものであろう。

こういったオタクがひとつのアイドルに集中して通うことがないかというとべつにそういうこともないわけで、飛び抜けて気に入るグループがあれば、そこに集中することもある。そういったオタクを多くとり入れるような求心力をもったグループもときたま出現するし、大きな集団になる場合もあるが、そのグループが解散したり、メンバーや方向性が変わることで、集団はバラけていき、おのおのが好きなところに散っていく。そして、オタクの面子が多少入れ替わりながら、同じような嗜好の者同士が緩やかな交流をもちつつ、集まったり離れたりをくり返していく。

企画自体にオタクがつく場合もある（まあ、レアなケースではある）という話に触れたが、都内の地下レベルの話で、同じ演者がライブをおこなってもライブハウスによって現れるオタクの面子が違ってくるという場合もある。それはどういうことなのか？

まず、ライブハウスごとにおこなわれる企画の傾向がある、ということがある。目黒鹿鳴館や以前の巣鴨獅子王でおこなわれる企画はラウド系のものが多かったり、以前の新宿motionではいわゆるサブカル系や音楽的にオルタナティブな方向性をもっているグル－

プが出演する企画が多かった。秋葉原のtwin boxでは現在進行形のオーソドックスなタイプのアイドルが出演している企画が多いし、古いタイプの地下アイドルを継承したタイプの演者が大半をしめる企画が多い小屋も存在する。

ライブハウスが企画することで、ライブハウス自体の好みが出ている場合もあるし、初期の段階でその箱でおこなわれた企画の傾向を見て、同じような志向の企画者が「あそこでならやらせてもらえる」というふうに集まってくることで、箱のカラーが定着していった場合もある。

ひとつのアイドルが複数の要素をもっている場合も当然あるわけで、さまざまなタイプの企画に呼ばれることがあるのも当然だ。オタクの側からすると、お金は有意義に使いたいもので、どうせ観にいくなら対バンがよい日のほうがいいわけだ。その「よい」という価値観もさまざまで、オタクによって観たいアイドルの傾向も違ってくる。そうなると企画のカラーが関係してくるわけで、企画自体とライブハウスの傾向ががっちり一致している場合、対バンで選ぼうとすると、企画で選んでいることと同じになり、結果として特定のライブハウスに訪れることになってしまう。

もうひとつ考えられるのが、職場や住居からの交通の利便性だ。平日のライブの場合、交通の利便性は重要な問題になる。仕事が終わってから出番にまにあうか。職場から行きやすいか。出番が終わったあとに帰りやすいか。都内の東側にあるライブハウスと西側にあるライブハウスとでは条件がぜんぜん違ってくる人もいるわけで、そこが反映されていることもある。

世の中、全通（すべての現場に通うこと）できるような条件をもっているオタクばかりではない。金銭的なことばかりではなく、仕事の拘束時間や地理的な問題などいろいろとかかわってくるものだ。特殊なケースではあるが、それぞれ行ける曜日や時間帯が仕事の都合で限られているため、SNS上やほかのオタクの話で存在は認識しているものの、同じアイドルのオタク同士なのに面識がないというようなケースもある。とはいえ、そういうオタクたちも生誕や周年という大きな節目では、それぞれが無理をしてでも会場を訪れ、同じ場に一堂に会するわけだが。

「同じ子が好き」に純化した関係

企画といえば、似たような内容の企画でも、企画ごとに来るオタクの顔ぶれが違ってくる場合もある。

たとえば、出演するアイドルのなかに動員が伸びているアイドルがいる場合。一方の企画はそれまで出ていた規模が小さいアイドルが出るような企画で、一方はそれまでより規模が大きなアイドルが出るような企画。面子的には半分くらい被っているのに、片方にしか行かないオタクは存在する。本当に新しいものを探して掘っていくようなタイプや、少人数の現場が好きなオタクは後者を敬遠しがちだ。逆に、ある程度以上人気がないと受け入れられなかったり、ある種の権威づけがなされないと観ないタイプもいるわけで、そちらは前者には行かない。

オタクによって好む現場規模も違うし、ゼロから発掘することを好むタイプもいれば、評価がある程度定まってから観にいくことを好む者もおり、自然と住み分けがなされているということだ。

また、企画者自体が原因である場合もある。企画者がメンバーを個人的に食事に誘ったり、運営がいない演者に対して失礼な言動やパワハラめいた発言をするといった話が出回っている企画があると、そのメンバーやそのメンバーが属するグループのオタク、そういうことをされた演者のオタクは観にいかなくなるのは当然のことだろう。自分の推しには直接被害はなくても、不快感から行かなくなる人もいる。一方でそういう話を知らないオタク、自分の推しグループにはなんの被害もないということで問題視しないオタクもいる。演者サイドもそういう事情を知らなければ普通に出るだろうし、自分のところに被害がなかったり、厚遇されていたりすれば出演することもあるだろう。演者が出演するかぎりは、企画は存続する。そういう感じで、似たような面子で内容のよい企画をやっているのに特定の界隈のオタクが寄りつかない企画が存在することになるのである。

現場の規模が大きければ、それぞれのオタクの小集団も同じような方向性や趣味嗜好で形成しやすい。推し被り（同じメンバーを推すこと）同士で集まったり、推し被りを敵視するタイプの他推し同士で集まったりすることもある（不思議なことに推されているメンバーごとに、推し被りで仲よくつるむことを好む傾向が強いところと、他推しと行動する傾向が強いところがあったりする）。

沸きたい派。地蔵。隠語でいうところの「楽曲派」※（ロリコン）。ピンチケ。女オタオタ（アイドルのライブに来る女性オタクに下心をもって必要以上に絡んでいこうとするオタク、あるいはその行為）。アイドル一筋のオタク。サブカル趣味の強いオタク。カメコ（撮影をオタ活のメインにしているオタク。語源はカメラ小僧）。そういった趣味嗜好が複雑に絡みあい、サブカル趣味同士で沸く・沸かないで仲が悪かったり、サブカル地蔵と沸くアイドル一筋が「楽曲派」として集団を形成したりするのがアイドル現場でもある。

現場によっては価値観の違う者同士がたがいの信仰を否定するかのように嫌いあい、ネットで叩きあったり、現場で示威行動をしたりすることもある（新規が大量に入ってくると、敵対していたような者同士が奇妙に連帯して新規に対抗することもある）。アイドル側が「うちのファンはみんな仲がいい」と言いがちなのとは裏腹に、オタク同士はべつに一枚岩ではないのだ。

しかし、小規模な現場になると、そういうことはなくなっていく。そういうことをして人が減ったりしたら、現場が維持できないというのもあるだろう。まあ、狭い空間で少人数が顔をいつも合わせていたら、角を突きあわせる気には普通はならないし、円滑にやっていくためにコミュニケーションをとるようになるというのは普通のことである。コミュニケーションをとってみれば、そこまで嫌な人も世の中あまりいないので相手を受け入れるようになるし、そうなると他人のアイドル感や推し方に自然と寛容になっていく。個人的に反りが合わない者同士であるとか、たんに普通に嫌な人なので嫌われている人もいるが、たいていの人はたがいに円満な関係性をとることになる。少なくとも、積極的に敵対姿勢を示すことは減っていく。

すべてのオタクがアイドルの前ではたんなるオタクにすぎないという原理があろうとも、大きな現場では趣味嗜好や方向性、たとえばアイドル観であったり、ライブでのあり方、アイドル以外の趣味のような、そのアイドルが好きであるという以外の要因によって自然と交遊関係が定まっていくものだ。しかし、小規模になればなるほど、そういった要素でたがいを選択するということは無理になっていく。

そうなると、グループの方向性に惹かれるところの強い、サブカルチャーや音楽に造詣が深い初老の男性と、ライブで騒ぐのが大好きな元気な中年と、そういうものにはなんの興味もないたんにその子が好きになってしまったおとなしい青年が、ライブ後にいっしょに飲みにいくような光景も生まれてくる。そこにいるのは、同じアイドルが好きだということ以外にその場にいる理由の共通点がない者たちだ。好きのあり方ですらまったく違っている者と、同じものが好きであるという一点のみで話をせざるをえない。ある意味で純化された空間である。

オタク同士の出会いと交流

出会いが多い地下のオタク

多くの場合、学校を卒業して年を重ねるにつれ、新しく友人をつくるということは年々少なくなっていく。新しく人と知り合うにしろ、たいていの場合が仕事の人間関係のなかでのものであり、そこではたがいの立場というものが関係性に大きく影響するものであり、その関係性を抜きにプライベートで親しくつきあうようになるまでの交流に発展するというのもなかなかないことだろう。

あるいは、すでに友人である人物や配偶者といった人たちの交友関係にある人物と新たに直接的な交友関係が結ばれるという例もあるし、子どもの保護者という立場同士で新しく人と親しくなることもあるが、まったく無関係のところから自分の立場に関係なく新しく人と親しくなるということは、年を重ねれば重ねるほど、一般的には難しくなってくる。

仕事上の立場や子どもの親であるといった属性に関係ないところで新しい交友関係が生まれる可能性が高いのは、趣味の領域での活動である。趣味関係のイベントやオフ会で直接知り合い親しくなることもあれば、SNS上でやりとりするようになったあとに直接会うような関係性になることもあるが、そのなかでもアイドルオタク同士の関係性は濃いものになりがちだ。

ほかのジャンルのオタクよりもアイドルオタク、さらに言うなら地下アイドルのオタクがたがいにやたらと遊んでいるように見えるのはなぜか。それは、ライブや接触イベントが大量におこなわれているために、オタク同士が直接出会う機会が多いからだ。

普通に考えて、同じ内容のイベントが週に何度もおこなわれたり、同じ面子を集めるようなオフ会が週に何度も開かれたりすることはない。コンサート、ライブといった現場に足を運ぶことが前提とされるものにしたって、バンドにしろメジャーなアイドルにしろ、地上では同じグループが週に何度も公演をおこなったりすることはあまりないだろう。48系の劇場公演にしたって、行きたいからといって抽選に当たらなければ行けるわけではない。演劇だって公演期間は毎日のようにやっていても、準備期間というものもあるわけで、365日・四六時中思い立ったときに行けるわけでもない。

地下アイドル・地底アイドルの場合はそこが違う。同じ演者のライブが週に何度もおこなわれる状況が一年中存在している。それは日常のなかに普通に存在しているわけで、思い立ったときにとくに特別な準備をすることなく、ふらっとライブに行って観ることができる状態がつねにあるわけである。必然的にオタク同士が直接顔を合わせる機会が多くなる。

特典会場での「交換」が生む人間模様

見知らぬ他人同士であったオタク同士が、ある種の友人関係を形成していくに至るまでの過程というのは当然ある。どういうことをきっかけにして、最初の会話を始めるのだろうか。いろいろなパターンを考えてみよう。

まず、なんらかのグッズや特典券などを交換するために交流が生まれる場合がある。なんらかのグッズというのは、オフィシャルで出されている封入されて内容が確認できない形式で売られている生写真、プロマイド、チェキといったものである。カードゲームのカードの交換、シールなどの食玩の交換と同じように考えるとわかりやすいだろう。コレクション的にコンプリートするために、あるいは推しのものを求めて、交換会めいたものがライブ会場やイベント会場に自然発生していくわけだ。生写真・プロマイドめいたものをオフィシャルで販売するのは、ある程度以上規模の大きなアイドルに限られていて、地下・地底ではランチェキ（ランダムチェキの略）の販売がおもである。

特典券というのは少しわかりにくいかもしれない。一部の運営によっておこなわれているCDのリリースイベント（リリイベ）で見られるケースの話だ。

CD1枚を買うごとに特典券が配られ、1枚だと握手、2枚だとチェキ、といったふうに枚数ごとに特典が変わっていくのが、アイドルのリリイベでは一般的なあり方だ。ところが、ある運営のリリイベでは、1枚買うごとにクジを引く権利が1回与えられる。そのクジのなかには指名したメンバーと写メを撮れる券から、特定メンバーとの食事オフ会参加券、特定メンバーとのディズニーランドオフ会参加券までのさまざまな券が含まれている（ちなみにオフ会は全メンバー合同であり、運営がもちろんついてくる）。また、リリイベにはその事務所に所属するほかのグループもゲストで出演するのがつねであり、そのグループのメンバーに対する特典券もクジのなかには含まれている。ゆえに、クジ券ほしさで他オタもCDの複数枚購入に参加することになる。

自力で目当ての券を引き当てる人もいるが、Aグループのaというメンバーとのオフ会券がほしいのに、まったく興味がないBグループのbというメンバーのオフ会券を引いてしまうみたいな状況は当然生まれてくる。そこで生まれてくるのが特典券のトレードである。すでに交流があるオタク同士であれば券の所有者はすぐに判明し、すみやかにトレードがおこなわれるわけだが、普段つきあいのないオタク同士の手元にたがいの求めるものがある場合、その券をすでにだれが引いたかすらハッキリしないということにもなりかねない。そういう状況を改善すべく、胴元めいた存在のオタクやブローカーめいたオタクが自然発生的に機能しだすことになる。

現場内のさまざまなオタク集団やソロオタクと仲よくできるような、コミュニケーション能力が高く人望もあるオタクが、特定のオタクにオフ会券が集中して渡ったりしないように毎回配慮しながらいろんなオタクの仲介をはかり、調停役として機能する様子もあれば、だれかがほしがっている券を持っている人を見つけてきて斡旋《あっせん》することで、謝礼的になんらかの自分のほしい券（たいていの人は自力で引こうと複数枚購入しているのでクジによる特典券も複数枚、数種類所持している）をもらおうとする人間もいる。そういう人間模様が垣間みられて、そこの特典会現場は面白かった。

まあ、このようになんらかの交換の場で交流が生まれ、仲よくなる場合も多い。

物販は言葉をかわす機会が多い

また、物販の場で話すきっかけが生まれるという場合もある。

先に触れたようにアイドルの物販というものは、演者によって価格設定や形式やグッズが違ってくる。初めてのグループの物販に行こうかどうしようか悩んだ場合、そういった物販レギュレーションについて知りたいわけだが、客の対応に追われていると運営には聞きにくい状況である場合も多いし、物販テーブルに置かれているレギュレーションのポップを見てもわかりにくいことも多い。そういう場合、常連らしき人に質問してみるということもある。見かけない顔だとみると、こちらから聞くまえからわざわざ説明してくれる人もいる。そこで顔見知りになり、話すようになることもある。

常連が新規の人に対して開かれている現場だとこういうこともあるが、逆パターンも当然ある。物販テーブルの周りを常連が仲間内で囲んで、チェキ列が途絶えてひまになっているメンバーに対して無銭でがっついているような現場だと、排他的な感じが漂い、新規の人は話しかける以前に物販列に並ぶことさえ躊躇《ちゅうちょ》する感じになってしまう。実際にやっているオタクも、新規が入ってきて自分たちの「おいしさ」が減るのを望んでいないのだろうが。低年齢アイドルの現場で多く見られる光景でもあるが、そこでだけあることでもない。

物販でアイドルと実際に接している時間はあっというまに過ぎていくものだが、物販列で自分の番を待っている時間はひじょうに長く感じるものだ。まず、ひまだ。知り合い同士で連番(特典会の整理番号が連番であること、そこから転じて特典会や物販列などに続けて並ぶこと)であれば会話すればいいのだが、つねにそういうシチュエーションで並ぶわけでもない。そういう退屈に耐えかねて前後の人に話しかける人もなかにはでてくる。

社交的な人だけがそういう振る舞いに及ぶとはかぎらない。ずっと同じ現場にいて顔や行動パターンを認識していている人に、普段は知り合いとしか話をしないような非社交的なタイプの人が、顔を見慣れているせいで知り合いであるかのようにうっかりと話しかけてしまうこともある。それで会話がスムーズにいけばいいのだが、気まずい感じに終わることもあるので要注意だ。

余談ではあるが、自分の前後のオタクが知り合い同士で、自分を挟んで会話しだすという経験をした人も多いだろう。あれをやられるとひじょうにツラいものがあり、後ろの人と順番をかわってあげてもいいから解放されたい気分になる。

ライブの興奮がオタクをつなぐ

オタクの社交場として以前は多かったのが、ライブハウスの喫煙所である。都内では新しい条例により喫煙所自体がなくなってしまったライブハウスも多くなったが、以前はどこにでも存在したものである。

ライブがおこなわれているのに喫煙所にいるということは、ライブを観ていないということである。日常的にライブハウスでおこなわれているアイドルの対バンライブというものは、新型コロナ禍以前は間をあけずに連続しておこなうのがつねであった。バンドなどの対バンライブであれば、演者ごとに楽器・機材のセッティング時間が必要とされる。アイドルの場合、多くは持参した音源をＰＡ卓から流してもらうだけなので、ステージ上でセッティングに費やす時間が存在しない。バンドの対バンライブであれば、セッティング時間が自然と休憩時間になっていて、そこで喫煙所に行ったりするのだが、アイドル対バンのライブの場合は基本的にそういう時間が存在しない。だから、とくに観たくはない演者のライブ中に喫煙所に赴くことになる。

そういうときに喫煙所にいる面子というのは直前の出番の演者のライブを観たあとに出てきて喫煙している人が多く、同じ演者のオタクである場合が多い。なんとなく顔見知りではあるわけで、社交性があるコミュニケーション能力の高い人がそのなかにいると、流れでみんなで会話を始めることもあり、そこから仲よくなる人も出てきたりする。また、ライブハウスによっては喫煙できる場所がそこしかない場合もあり、喫煙しにきた運営やイベンター（ライブイベントを企画しブッキングすることを専門にしている人間）と会話する場所として機能する場合もある。

いくつかのシチュエーションを書いてきたが、なんだかんだで交流のなかったオタク同士が会話を始めるのは、ライブでの高揚感で盛り上がっているときにその場のノリでついつい話してしまうというのがいちばんあることなのではないかと思う。

SNS上で興味をもった同現場のオタクや、現場で目立つオタクに興味をもってわざわざ話しかけるということもあるかもしれない。それはわりとレアケースで、そういうふうに興味をもっていたとしても、実際にコミュニケーションをとりだすのは、そのときの現場のノリでたまたま話す機会が生まれたときなのではないだろうか。軍団的なものに入りたいような動機や、有力なオタクに近づきたいというような欲望があれば、能動的にわざわざ近づこうとするだろうが、普通に考えて、そんな人ばかりではないのである。

物販が始まるのを待っているなんでもない時間。自分の物販は終わったけど物販終わりの挨拶までは観ていこうと、会場で溜まっている時間。そういうときにちょっとしたイレギュラーなことが起こったり、なにか珍しいものを持っている人がいたり、珍しいトピックを話している人がいると、それをきっかけにいままで話したことがなかった人と会話しだしたりすることは多い。

しかし、あとになって思い返してみると、そのきっかけとなる出来事の多くはとくに盛り上がるようなことでもなく、やはりライブの高揚感で興奮状態にあることがいちばんの条件なのだろう。いくらしょっちゅう顔を合わせるといっても、日常生活のなかで用事もないのに話しかけて親しくなるということは普通ないし、あったとしてもひじょうに長い時間がかかることだと思う。それが短時間で一足飛びにおこなわれるのは、ライブという場がおよぼす興奮状態があってのことである。

そうやって知り合ったオタク同士が、ライブ後の飲み会にいっしょに行くようになったり、べつにライブがなくても集まったりするようになったりする。アイドル現場に行くことがなくなったあとも交流が続いていく例もあれば、一方で、同じ現場にいるときはライブがなくても集団で集まっていたのに、現場がなくなるとまったく接点がなくなる例もある。

親しくはないが心地よい関係

ただいえるのは、日常での社会的な立場と関係ないところで他人と交流をもつことができるのがオタクのつきあいであり、そこに居心地のよさを感じている人も多いだろうということだ。学生でなくなってしまえば、そういう場をもつことはなかなか難しいのだから。オタクにとって同じ現場で過ごすオタクというのは、アイドルと同じくらい、あるいはアイドル以上に時間を共有しているものであり、そこで生まれる関係性は濃厚なものにならざるをえない。

アイドル現場に通っていると、とくに親しくはならなかったけど、忘れがたいオタクというのがひとりやふたりはいるものだと思う。強烈な個性があった人だからそうなるというわけでもない。

10年近くまえ、自分が通っていたグループと対バンすることが多い、どちらかというと不人気なグループに熱心に通っているひとりの地味な容姿のオタクがいた。そこの専オタ（そのアイドルのみ、少なくともメインに現場に通っているオタク）は有り体にいうと一ケタ。なかでもその人がいちばん熱心で、実質ＴＯ（トップオタク）だったのだと思う。最前中央で、か細いきれいな声で毎回、一生懸命ミックスを打っていた。

よく対バンになるグループたちには個性的で目立つオタクや激しいノリのオタクがついていることが多く、そういうオタクの動きや汚い声の騒々しいミックスに比べると、その人の動きも声もひじょうに地味だった。ライブに行くたびに会うのでなんとなく挨拶するようになったのだが、それ以上親しくなることはなかったし、よく考えるとたがいに名前すら名乗ったこともないはずだ。ただ、その佇まいになにかよいものを感じていた。

そうこうしているうちに彼の推しが不祥事でグループから脱退し、彼と顔を合わせることもなくなった。そんなある日、電車から降りてホームを移動しているときにある車両を見たら、彼がたまたま乗っていた。向こうも「あっ」という顔をして話しかけようとしていたようなのだけど、そのままドアが閉まり電車は走りだした。なんとなく嬉しい気持ちになった。

数年後、別のグループの解散ライブに居合わせたときに彼がいた。始まるまえに軽く話をしたら、彼は不祥事で辞めた推しの活動（グループはクビになったけれど、レースクイーンみたいなものとかグラビアというより着エロみたいな活動は続けていた）をいまだに追いかけていて、現場のアイドルオタクとしては解散するグループを追いかけているという話だった。彼の現場は今回も1年ほどで終わるようだ。いや、何回かこのグループを観たが彼には会わなかったので、本当に最近追いかけだしたのかもしれない。「いまどこの現場に行っている」みたいな話をして、とくにそれ以上話すこともなく会話は終わった。彼は最前中央で、か細いきれいな声で一生懸命ミックスを打っていた。昔と変わらない様子で。なんとなく嬉しかった。

現場で何人ものオタクと知り合い、いろいろなかたちでつきあってきた。そんななかでも、べつに親しくはならなかったけれど名前すら知らない彼のことは忘れないような気がする。会ったところで話すこともあまりないけれど、彼の存在はなんとなくよいものとして自分のなかに残っていて、彼が実直にミックスを打っている姿や声をいまだに思い出し、なにか温かい気持ちになるのだ。

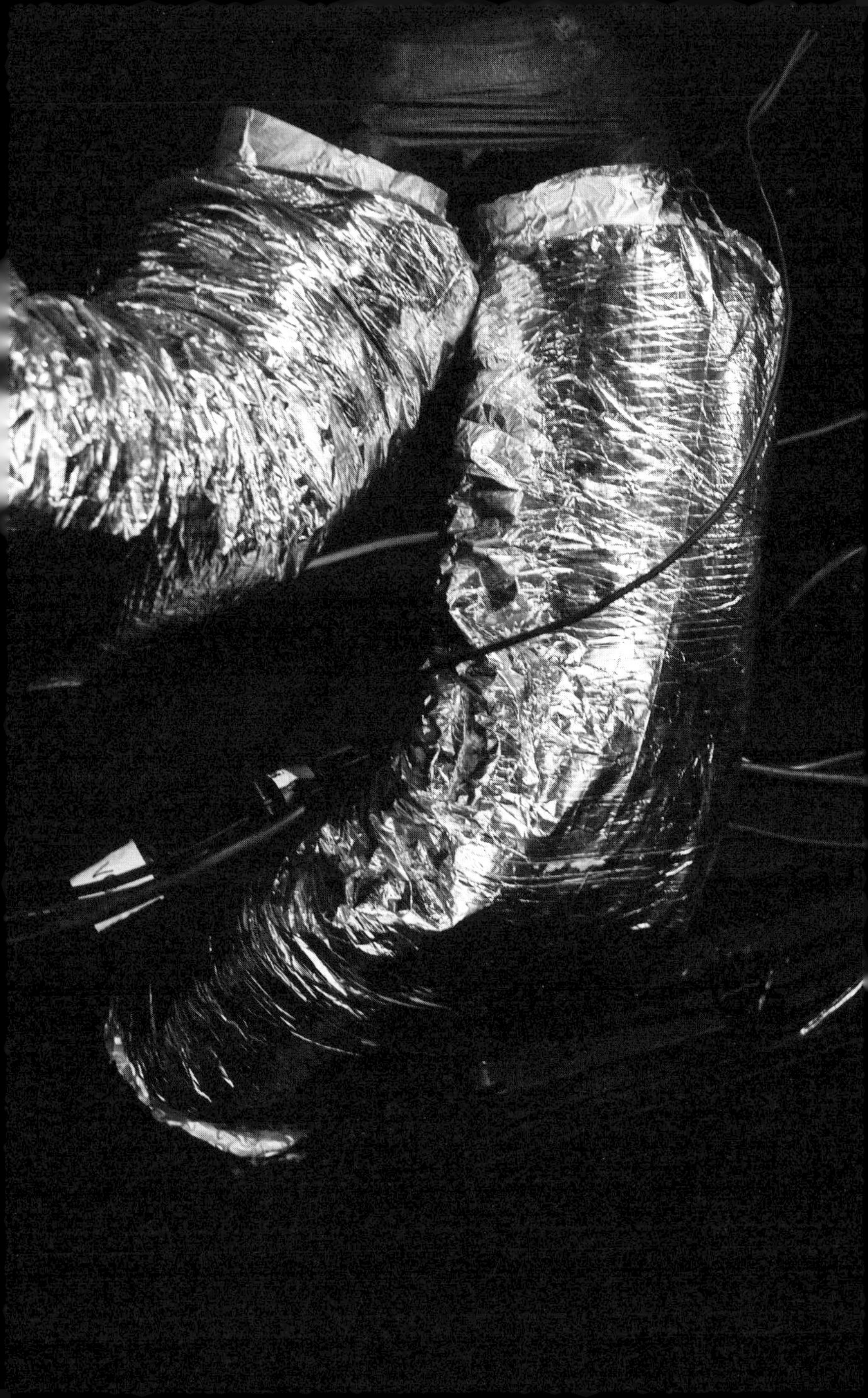

3章

アイドルとの触れありかた

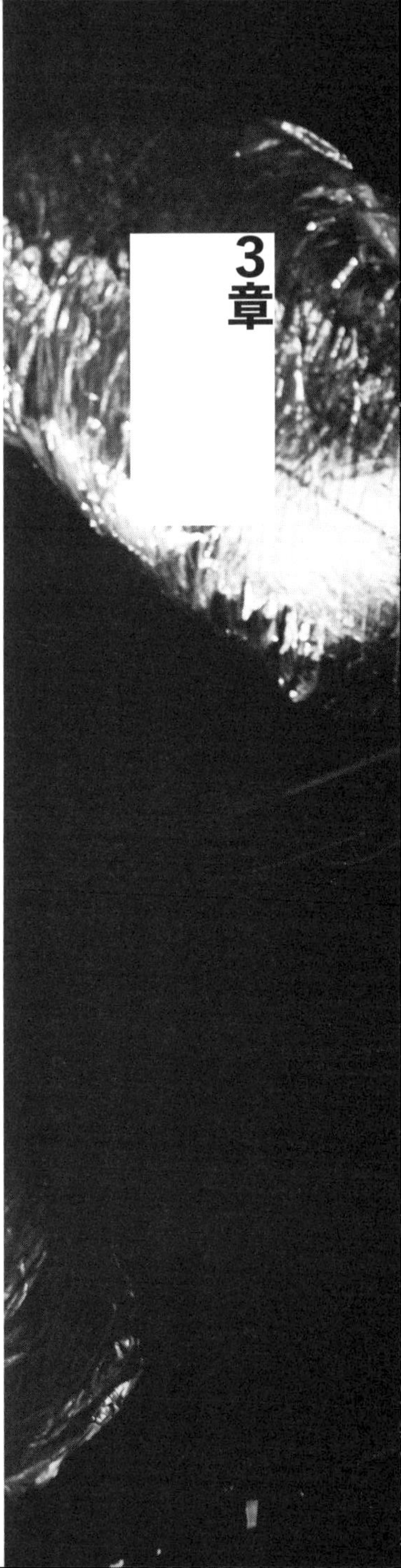

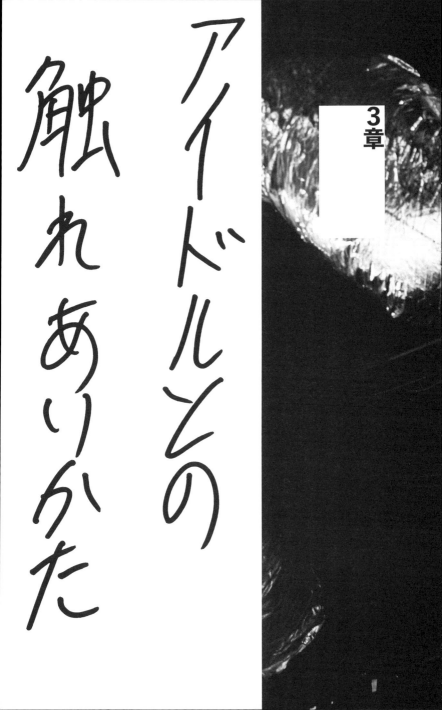

「接触」のリアル

「異常者しぐさ」が広める誤解

アイドル現場で頻繁に使用されている言葉のひとつに「接触」というものがある。握手会、CDの販促のための特典会、ライブ後のチェキ撮影、ファンとのオフ会など、アイドルと直接会話を交える機会のあるイベントを指して使われる言葉だ。

接触という言葉の本来の意味や握手会というイベントのイメージから、アイドル現場に興味がない（あるいは敵視している）むきからは、オタクがアイドルの肉体に物理的に触れるためのイベント事を指しているかのように理解されがちである。

なんらかのネガティブな話題でアイドルの「接触」現場に関することが報道されるたびに、「そんなに握手がしたいのか」というような類のアイドルオタクを侮蔑するような発言がネット上に発生する。オタクはアイドルと握手をしたあと、手を洗わずに自慰行為をしているなどというようなことも古くからいわれているし、創作のなかにもそういったオタクは頻繁に登場してきた。

ようするに、「接触」というものは合法的に女の子に触れるための性的なサービスであり、痴漢めいた劣情に支配された空間であるというような理解をしている人が世間には多いということを物語っている。

現実における「接触」の場では、オタクがいちばん求めているものはアイドルとの会話であり、彼女たちとコミュニケーションをとることである。

性的なモチベーションがメインになっている人も当然いるが、そういう人が主流かというとそういうわけではない。創作物のなかに登場するような異常者としてのオタクに近いような人物も実在しないわけではない。しかし、それは一般的なアイドルオタクにとっても異常者であって、そういった人物の存在が確認された場合は噂でもちきりになったりする。

アイドルに対して性的な興味を抱いているオタクは当然いるが、それはアイドルオタク以外が、だれかに対して性的な興味を覚えるのとたいして変わりはなく、ただ対象がアイドルであるというだけだろう。ただ、率先して性的な魅力をアピールするアイドルも多いので、そういった子のファンには性的なものに惹かれてきた人が多いのもあたりまえのことではある。

そういったファンたちでも、「接触」を風俗的な視点から楽しんでいるかというと、たいていの人はそういうわけでもない。そういう魅力的な女性とコミュニケーションをとりたいというモチベーションであるのが一般的だろう。あくまで「お色気」コンテンツを楽しんでいるだけで、そこに直接的なバックを求めても得られないのを理解しているのが普通だ。それならば、露骨に性欲を生々しくむき出しにして嫌われるよりも、楽しい会話をしていい気分になったほうがいい。ようするに仲よくなりたいのだ。

SNS上でのアイドルの性的な身体部分のアピールに対して、限度を超えたアプローチ(あわよくば実際に性的関係をもとうとするような)をするのは、現場にも行かない、アイドルにお金を落とさないタイプの人がほとんどで、端的にいうとアイドルのそういうアピールが商業的なものだということが理解できない常識に欠けたタイプ、女性自体を同じ人間だと理解できていないタイプであり、たいていの人間は世間的な常識にのっとって動く。

根底に性欲があったとしても、それは日常におけるそれと同じように当然隠匿される。アイドルが許す範囲において、はしゃいでみせることは許されてはいるが、それは双方の暗黙の了解をふまえたうえでのロールプレイだ。そこを見誤る人間も当然出てくるが、そういうケースについては後述する。

また、これはジャンルを問わずにオタクにありがちなことなのだが、ことさらに露悪的なことを言うことを好む傾向の人たちが多く見られる。アイドルオタクも例外ではない。

その現れのひとつの例として、アイドルに対する過剰に性的な発言がSNS上で多く見られるわけだが、発言者が実際にそこまで本気でそう思っているかというと疑問である。たいして思ってもいないのに、仲間内に向けたアピールとして、そういうかたちを演じている場合が多いのではないか。たいした不良でもないのに不良ぶっている人間の語る武勇伝と同じだ。悪ぶっているのである。しかし、コミュニティー外の人間が見れば、どういう意図かは関係なく額面どおりに内容を受けとるのが当然だろう。そうして、オタクにとってアイドルはただ性欲の対象として消費されている、という印象を広げていくことになる。

そういう、アイドルに対する性欲をむき出しにしているかのような発言のなかには、低年齢（幼児〜小学生）アイドルに対するものがある。世間的には異常でしかないことだが、一部のアイドルオタクのあいだでは「ロリコン」であることが一種のステータスになっているという現象がある。

ペドフィリアというわけではない。大人の女性に相手にされない、自我の確立した大人の女性に自意識を傷つけられるのが怖い、そういった理由から女児を恋愛（疑似恋愛）の対象にするようになるという場合ともまた違う。べつに性的嗜好が女児に向いているわけでもない人間が、まるで自分がそうであるかのように振る舞い、そういうヤバイ発言をしたほうがより偉いという価値観が一部のオタクのあいだにあるのだ。「ロリコンしぐさ」とでもいえばいいのだろうか。

こういったネット上での一部オタクの異常者ぶった発言が悪目立ちする影響で、実態以上に性的変質者がオタクに多いイメージが生まれているのだとは思う。現実としては、アイドル現場の多くは露骨な性欲からくるモチベーションが支配する場ではないというのが実情だ。

ただ、そういった発言をすることに関しては性欲の表れではないとしても、そういうことを言われる側の気持ちをまったく考慮しない、そういう対象にしていい存在だと自然に感じている時点で、性差別がそこに存在しているというのも確かである。現代日本社会でよく見られる問題がアイドル現場にも投影されているということだと思う。

ハグ会の顛末から見える物理的接触のニーズ

WACKの代表である渡辺淳之介が初代B・iSのプロデューサー時代に実施した接触のアイディアのひとつに、ハグ会（過去に大堀恵やバニラビーンズなどによってもおこなわれていたが、それらは本人たちのキャラクターに支えられた「ネタ」度が高いものだった）というものがあった。これは、露悪的な志向の強い渡辺のセンスが存分に発揮されたものだった。

「接触」というものに関して、ファンとの交流を大義名分に金銭を媒介としてコミュニケーションを売っているキャバクラのようなビジネスだという批判が、一部の評論家、ライターからなされた。メディアにもそういった論調はとり上げられがちだ。アイドルオタク以外の人、接触が重視されていなかった時代からのアイドルファンの人にも、そういう認識の人は多いと思われる。

実際にはファン心理、コミュニティー意識、疑似恋愛といったさまざまな要素が絡みあって成立していることはすでに論じてきた。つながるということを現実的な欲望として内面化してるかどうかでも変わってくるものであり、端的にキャバクラと言ってしまうのは極論でしかない。しかし、キャバクラのような面があるのも否定しきることはできないのも事実だ。

そして、アイドルがあくまで「芸能」や「表現」に立脚しているという立場をとる以上は、そういう面をアイドル運営側が公に認めることはない。そういう欺瞞があるなかで、「どーせ、オタクはこういうのがいいんだろ」と身もフタもない下品さで突きつけてみせたのが、アイドルとオタクがハグをするという過剰な肉体的接触を売りにしたハグ会というアイディアだった。

初代Ｂ・ｉ・Ｓというグループは、旧来の芸能界的なアイドルの世界とは別の場所からやってきた人が運営していたグループであり、アイドル界のことを知らないがゆえにタブーをつぎつぎと踏み越えていったグループである。そういったグループであるから、当時の一般的なアイドルとは違うタイプのメンバーで構成されていたし、一般的なアイドルオタクとは違うタイプのファンによって支えられていた。

ハグ会の情報が世間に届いたときに、一般的なアイドル像とオタク像でその光景が想像されただろうし、大人が少女を騙して性的なことをやらせているように解釈した人も多かっただろう。実際には、一般的なアイドルに求められるものを求められているグループではなく（逆にいうと、普通のアイドルファンの大半はＢ・ｉ・Ｓに否定的だし、ハグ会のようなものには否定的）、ファンもその下品な悪ふざけを許容するようなタイプであり、特殊なグループ、特殊なファン層であることで、ハグ会は接触というものに対するある種メタな視点からの下品な遊びとしてギリギリのところで成立することに成功したわけである。

しかし、旧来のＢ・ｉ・Ｓファンのなかにも否定的見解があったのも事実ではある。ものには限度があるということだ。

渡辺淳之介という外部からやってきた人間が、既成のアイドル界のルールを知らなかったり、無視したり、壊したりしながら進んでいったことでアイドルというものの領域が広がっていく一方で、弊害も生まれていく。ハグ会はギリギリのところで遊びとして成立はしていたが、日常でありえないくらいの物理的な接近をしてしまうことで変に意識するようになっておかしくなっていたオタクも何人か見受けられた。まあ、あまりやるようなものではないと思う。

後続の地下アイドルのなかにはハグ会的な悪ふざけな特典会をやろうとして失敗したグループもあったし、ハグ会のイメージがひとり歩きしたために、過剰な物理的接近の部分だけを普通にサービスとしてとり入れてしまうような運営も見かけた。地底の悪ふざけ要素のない、サービスとしてだけのそれには本気で露骨に性欲的な人が並んでいるわけで、あまり見ていて気分のいいものではない。そういうオタクはほかのオタクから敬遠されるし、そういうアイドルも敬遠されがちである。一般的な良識の部分で躊躇するし、疑似恋愛感情が強ければ自分以外の人間と目の前でそういうことをしていることに耐えられないだろうし、処女性を求めるタイプの人にとってもふしだらな行為をしていると解釈されるわけで、いろいろな意味で現状ではアイドル現場において、そういう露骨に性的なスタイルの接触にはそこまで大きなニーズはないと思われる。

あくまで運営とアイドルとオタクの共犯性を帯びた悪ふざけという枠がないと、それを導入した現場が商業的に広がることはないだろう。また、悪ふざけの構図をアイドルとオタク双方が理解できて納得できているか、理解して納得したうえでどこまでやっていいのかのラインなどさまざまな問題がある。

WACKでも、のちのちハグ会的なものを各グループの特典にレギュラーとしては組み込むことはなかった。やはり、あくまでイレギュラーなものなのだ。

接触で交わされる会話のパターン

「接触」の目的がアイドルとのコミュニケーションであるならば、そこではどのような会話がなされているのだろうか？

極論、アイドルとオタクの数の組み合わせの数だけ、会話の種類はあるわけだが、当然いくつかのパターンには分かれる。また、話せる時間の長さ、つきあいの長さによっても会話のかたちは変わっていく。アイドルに対する賛美。ライブや音源やそのほかの仕事に対する感想。アイドルが公表している趣味に関する話題。運営やほかのオタク、対バンなど周囲の環境に関する話。一方的にオタク側が自分の話をする。アイドルへの求愛。会話のテーマ的にはざっとこんな感じだろう。

売れているアイドルほど会話できる時間は限られて、会話というよりも一方的に伝える感じになるし、会話できる機会も少ない。地下に行けば行くほどひとり当たりの会話する時間は長くなるし、そういう機会も多いので、ある程度複雑な内容をやりとりする余裕が生まれてくる。だから、地下に行けば行くほど、たがいの内面的な実像に近い部分で会話できる可能性があるし、逆に地上に行けば行くほど、オタク側が自分のいちばんよく見える表層のみで接触していくことができる。

本気でアイドルへの求愛をする人間はそこまで多くない。実際にそれがおこなわれている場合、中高年のオタク層よりピンチケとよばれる若年層のほうにそれは多く見られる。若年層の場合、実際にアイドルが同年代のファンと交際した例が多くあるわけで、可能性がある以上、本気になる人間が現れるのはしかたがない。中高年で本気でそういうことをしている・できる人は根底に問題がある人だということはいうまでもない。

求愛めいた言動をとるオタクの大半は、テンプレに乗っかってオタクのロールプレイをやってふざけているだけの人間だ。本音の部分では明確な恋愛感情めいた部分があっても、それは現実でどうこうなるものでないと内部で処理をしている人もいるだろう。たんにオタクはこうするものだからと思ってやっているだけの人もいるだろう。いずれにせよ、接触中にしろライブ中にしろ、テンプレに乗っかった求愛行動は、それが成就されないのが前提のものだ。アイドル側にとっても軽くあしらえる、基本的に無害なものである。

接触時におけるアイドルに対する賛美というものは、おおむね容姿に関したものである。

いや、具体的にどこを賛美するというよりも、「可愛い」という言葉を投げかけるというのが大半だ。「好き」といった言葉もそこに含まれるかもしれない。

求愛と賛美とのあいだの境目は微妙ではあるが、歓心を得るために言っているのか、ただ伝えたくて言っているのかで人によって違いはある。また、たんなる挨拶ぐらいの勢いで使っているだけの場合もあり、表面上は同じ「可愛い」「好き」でも、人によって内実に大きな違いがある。

そもそも「好き」という言葉の使われ方に関しては、普通に恋愛対象である女性としての好きと、アイドルとして存在が好きという意味の二通りの使われ方が存在している。だから、アイドルに好き好き言っている中高年男性が、単純に対象を恋愛対象として見て発言しているとはかぎらない。前者の意味だけで言っている人も、後者の意味だけで言っている人も、両方の気持ちが混在している人もいる。また、対象になるアイドルによって、同じ人物が別の意味合いで発言していたりもする。後者に対する感情は架空のキャラクターに対するものに近いのかもしれない。好きなアイドルと、実際の恋愛において好きになる女性のタイプがまったく被らないことも珍しいことではない。

また、「可愛い」「好き」という言葉も、オタクが自発的に発するだけでなく、アイドル側からうながされる場合もある。承認欲求のひとつとして容姿を褒められたいという感情が強い人の場合はわかりやすい。オタク側がなぜ自分のことを支持しているのか理解できないので、物事を単純化させたいという動機の場合もあるだろう。性質的にそういうことを口に出さないタイプのオタクにわざわざ言わせて遊んでいる子もいたりする。

多くのオタクは容姿でもって推しを決めるのは間違いないが、歌やダンスなどの場合もあるし、ステージ上や物販のときのふとした様子や、SNSでの言動の場合もある。そして、その部分がアイドル本人としては言及されたくない部分だったりする場合もある。「心が狭くて、すぐオタクにキレるところがいい」と本気で思っているオタクがいても、それを本人に伝えたら相手が怒る可能性はひじょうに高いだろう。接触時はおろかSNSにも書くわけにはいかない。純粋に容姿が好きでも、本人としてはコンプレックスに思っている可能性がある部分だとしたら、口に出すわけにはいかない。

だから、そういう場合は細かいことを言わずに、ただただ「可愛い」「好き」みたいなことを言っておくのが無難なのだ。変なところに愛情を感じたり、相手が理解できないような複雑な思い入れを胸に秘めているだけだと、相手も意味がわからなくて不安になる。口に出して褒められるところ、話がスイングするような共通の話題がないなら、陽気に「大好き」と言っておくのがいい。

あたりまえのことだが、ライブや音源の感想を言われることを喜ぶアイドルは多い。また、そういうことをちゃんと言えるオタクは少ないので、適切な感想を交えつつ褒めると喜ばれる。ただ、これは両刃の剣であり、オタク側の批評眼がなかった場合はとんちんかんなことを言ってくる人として敬遠されるし、ちゃんと批評しようとして意気込みすぎてダメ出しが多くなると当然嫌われる。いいときは言い、ダメなときはわざわざ言わない。本気で批評眼に対する信頼ができていれば、ダマっていることの意味も察しているだろう。ときには向こうからアドバイスを求めて聞いてくることもあるだろうが、それでも節度をもって答えるべきで、なんでも言っていいものではない。

安全弁としてのロールプレイ

アイドル現場の「形」のなかには、アイドルとオタクとのあいだの最大公約数な、適切な距離感を保つ役割があるものがある。生々しい感情をそのままぶつけることから生まれるアイドルとオタク間の軋轢《あつれき》やアイドル側の精神的な負担を回避するため、ある種の「形」を経由させて緩和させる効果を担っている。

それはあくまで最大公約数であり、アイドル・オタク双方の個人的な資質の組み合わせによって「形」の外に出て、より深い心理的な関係性やその表現をつくることもできる。そのスタイルが普遍性をもち、新しい「形」が生まれることもある。

しかし、それはあくまでも「形」の存在を認識していることが前提である。その「形」をなぞるにしろ、否定するにしろ、「形」の存在を認識することは必要だ。それが存在している意味を理解することで、そこから先に行くことができるわけだが、それが理解できなくても、現場で推奨されている「形」をなぞることをしていれば、双方に問題なくすごすことができる。

アイドル現場のアイドルとオタクのやりとりはあくまでロールプレイにのっとったものであり、程度の差はあっても、また言語化できていなかったり無自覚であったりするにしろ、多くのオタクが身体的には感じていることである。

現場ごとにロールプレイの方向性が違っているわけだが、そこに無頓着で場にそぐわないしぐさをしてしまう人もいる。観察が足りなかったり、思考の柔軟性に欠けたりすることから生まれることであり、ロールプレイの存在に気づいてないわけではない。場で求められている「役柄」を察知できずに、別の「役柄」を演じてしまうだけのことである。経験不足や、現場によって向き不向きがあるというだけの話だ。逆に、その現場に存在してなかった「役柄」をねじこんで成立させてしまう人もいる。それは資質の問題としかいいようがない。

一方でロールプレイの存在をまったく感じることすらない人もいて、当然ながらアイドル側に相当な負担をかけることになるが、それは根本的な思考の問題であったり、コミュニケーション能力の問題だったりするのではないか。こういった人は日常生活でも周囲と軋轢を起こしている可能性が高く、オタクのあり方とは別の問題である。

接触を楽しめないオタクたち

CDの特典券を配りつづけるオタク

多くのオタクにとって接触の場はアイドルとコミュニケーションをとれる場であって、物理的に触れることで性欲を解消したり、求愛をおこなうための場として考えたりしているのは、実際のところ多数派ではないという話をしてきたが、より具体的に接触の場での会話を考えていきたいと思う。

接触といえば、ひとつの忘れられない光景がある。ある地下アイドルグループのCDのリリースイベント（リリイベ）での話だ。ミニライブのあと、握手会がおこなわれ、CDを1枚買うごとに特典券が渡され、枚数によってメンバー全員と握手ができたり、任意のメンバーひとりと写メが撮れたりするようなイベントだ。その場に、特典券をほかのオタクに配りつづけるひとりの中年男性がいた。

彼はそのグループのひとりのメンバーのオタクであり、週に5回はあるようなライブやイベントもほぼ全通（すべての現場に通うこと）するような熱心なオタクだった。つねに通常の物販でも大量に金を落とし、CDが出るたびに大量購入。彼女たちの活動を買い支えている彼は、グループ全体のTOといってもいいくらいの存在だ。

しかし、彼がアイドル側から好かれていたかというと、それは微妙だった。彼はべつにライブ中にほかに迷惑をかけるようなことをしているわけでもないし、接触中にアイドルに失礼なことやセクハラめいたことを言ったりするわけでもない、いたって紳士的な人だった。ただ、はたから眺めてみるに、アイドルが彼に対する態度と、ほかのオタクに対する態度、とくにあるひとりのオタクに対する態度がぜんぜん違うのだ。TOの彼に対するのと比べて、その人が接触に来るとアイドルが嬉しそうにしているのがなんとなくわかってしまう感じだった。とくに対応にあからさまに差をつけているとかいう話ではない。そこはちゃんと仕事として分け隔てなく接している。ただ、嬉しさが外に滲《にじ》みでてしまっているのだ。

その人はTOの彼に比べれば、そこまでお金を落としているわけでもないし、同じような年齢の中年男性であったから若い人に来てもらって嬉しいとかいう話でもない。人一倍貢献しているのに、さほどでもない人のほうがアイドルから愛されているという、TOの彼からしてみれば理不尽に感じる話だろう。それでも、彼はほかのグループのオタクになったりすることもなく、そのことに対して不平をもらすこともなく、黙々とオタクとしての活動を続けていた。

リリイベのときの話に戻ろう。CDを箱買いした彼のもとには大量の特典券が渡されていた。彼はそれをほかの人に配りつづけているのに、自分は特典券の権利を使おうとしているふうもない。「○○さんは（握手・撮影に）行かないんですか？」と周りにいたオタクのだれかに問われた彼は、「私はもう話すこともないので」と答えた。

グループを解散してソロになったり、アイドルを引退してアーティスト活動（実際のところ、いままでの活動とたいして変わりはないのだが）を始めたり、彼の推しはなんだかんだで活動を続けていて、彼もいまだに推しつづけていて、かれこれ10年近くになっている。最近、Twitterで彼女から「○○さん、長いあいだ、いつもありがとう」という内容のリプライが彼に飛ばされているのを見た。

みんなを巻き込む自己愛型オタク

接触の場というのは、本来オタクにとって楽しい場であるはずだ。それなのに、そうではなくなっている人を現場で見かけることは少なくない。こういう話をすると、現場を知らない人のなかには不思議に思う方も多いだろう。しかし、それはよくある光景なのである。なぜ、そういうことが起こってしまうのだろう。

自分がアイドルにとって必要とされているのかを気にしてしまうような、ライブに全通し、物販でも大量に金を落とす献身的で自己犠牲を伴うようなスタイルでアイドルを応援しているような人。そういう人は楽しくない接触をしてしまうようになる確率がかなり高い。

たいていの場合、献身的なスタイルのオタクはあくまでスタイルとしてそういうやり方をしているだけで、そういうやり方をとおしてアイドルに認めてもらいたい、特別な存在として扱ってもらいたいというタイプの人間だ。オタクの数が少ないうちは、アイドル本人から感謝されることも多いし、物販中に独占できる時間も多いだろうし、またTwitter上でも、リプ返《へん》してもらったり、ふぁぼられたりする機会も多いだろうし、実質的には特別扱いされているような環境にいることになる。

ただ、ファンの数が増えてくると、そういうふうにはいかなくなる。まず、物理的にファンひとり当たりと接触できる時間はどうしても減ってくる。それはしかたがないことだ。SNS上での交流も、自分だけにかまけてくれるようなことはなくなっていく。

そうなってきたときに、なんらかの特別な待遇を求めたりするようになってしまう人がいる。それは具体的にどうこうしてくれという話だけではなく、自分が特別な存在であるということをアイドルから言葉として引き出そうというような行為であったりもする。しかし、アイドル側としては、ビジネスである以上、ファンのだれかひとりを特別扱いするわけにはいかないのがあたりまえだ。話せる時間を金銭と交換しているのであって、それ以上の心理的なサービスを求めるのはお門違《かどちが》いというものである。

思ったような反応が得られないと、変な駆け引きめいたことを始めてしまう。「自分はもう必要ではないのか？」みたいなことを本人に直接言ってみたり、SNS上で「僕はもういらないんだ」みたいなことを言いだしたり。もうライブに行かないみたいなことを発言したり、わざと別のメンバーとの接触に赴いて嫉妬させようとしてみたり。なんというか、そういうことをやればやるほど嫌われるであろうことを積極的に始めてしまうのである。

アイドルも人間であるから、そういう困らせるような行為、嫌がらせのような行為ばかりやられていれば、接触時に心から快く対応することは不可能になっていく。そうなると、嫌われてしまったみたいなことを発信して、さらに相手の神経を逆撫《さかな》でしたり、より嫌われるような言動をくり返してしまう。アイドルは苦しめられてるだけだし、オタクだってどんどんツラくなっていくだけだ。はたからそれを見せられているほかのオタクだって、いい気分がするわけがない。だれも楽しくないのだ。

アイドルに感謝されて特別な存在のようであるのが好きなタイプでも、新しいグループや人気がないグループの現場でオタクをやって、人気が出てきたらほかのグループのオタクに変わるみたいなことをやってる人はべつに無害だ。それはそれでひとつのスタイルだし、なんの問題もない。ただ、相手に執着しつづけて自分の存在を特別なものとして認めてもらうことを望むなどは、相手の心を自分の思うように従わせようという行為であり、暴力で人を支配しようとすることとなんら変わりがない行為だ。一種の精神的な自傷行為でもあるのだろうが、アイドルや巻き込まれるほかのオタクはたまったもんではないのである。

以前、自分がライブを観にいっていたグループのオタクに、接触にやたら金を注ぎ込むタイプの中年男性がいたのだが、金も持っているし、Twitterなどを見るかぎり勤務先での役職も高そうな、社会的な地位のありそうな人物だった。粘着質な接触をする人で、女の子はツラそうな感じであった。

女の子の対応が思ったようなふうではないことに不満を覚えていたのか、前述のパターンにのっとった言動をしたあげく、「自分は金を大量に使っているのだから、運営はあの子に自分を特別扱いさせるべきだ」という内容をTwitter上で発言。ほかのオタクはその発言の異常さに「こいつはヤバい」と基本スルーしていたのだけれど、彼が推していたメンバーには高校生のファンも何人もいて、なかには正義感が強く彼に抗議するような子たちもいた。それに対して、彼は「お前らは金を使ってない、金を使っている大人が偉い、大人の言うことをきけ」というような発言をする始末。あまりのことに呆れたほかのオタクは運営に彼の出禁を進言したり、つぎのライブでライブ中に最前に入れないようにガードしたりするなど、彼の排除に向かうことになる。

結果としては、そのライブ後に彼は接触で10周ぐらいループ、アイドルは泣きだし、彼も涙ぐみながら会場を去り、そのまま他界（通っている推しの現場に行かなくなること）していった。まあ、すぐにほかの現場に通いだしていたのだけど。そのまま他界したので、実際に出禁になったかどうかはわからない。彼のようなモンスター級の発言はさすがにあまり見たことがないので、強く記憶に残っている。

現場本来の楽しさを捨てた地位優先型オタク

楽しくなさそうに接触に行っているパターンとしては、そのグループにもメンバーにも飽きているが、その現場での自分の地位に執着している人のパターンもある。オタク社会での順位にこだわっているということだ。

ＴＯという地位に対するプライド。現場を我が物顔に歩く集団に属している誇らしさ。そういったことにこだわるということは、アイドルのライブに行く本来の楽しみ、歌やダンスを鑑賞し、楽曲にあわせて体を動かし、さらにアイドルと楽しく会話をしたり、チェキを撮ったりといった楽しさよりも、現場のオタクのホモソーシャルで生きることが優先されているということにほかならない。

そういうあり方を重視していても、それを維持するためには現場は不可欠であり、アイドル自体がメインの目的でない状態であっても、普通にライブや接触を楽しんでいるものである。彼らの意識している地位を脅かす存在が現れないかぎりは。自分よりも推しに愛されているのがわかってしまうようなオタクが登場してくると、彼らの世界が揺らいでしまう。面子が潰されたように感じるのだ。

本来、アイドルとオタクは1対1の関係にある。それはオタクの数がどんなに増えようと変わらない。だから、他人のことは気にすることなく、唯一無二である自分とアイドルとのあいだのふたりの関係性を楽しめばいいだけであり、この現場のなかで自分がいちばん楽しんでるくらいに思っていればいいのである。しかし、他人から受ける評価を基準にして現場での活動を楽しんでいる人にはそれができない。

TOであるためには、その子を推しつづけなければならない。ライブ中も盛り上げたり目立ったりしなければならないし、物販でもお金を使ってみせなければならない。接触中の会話だってほかのオタクより盛り上がるようにしなければならない。絶え間ない努力が必要なのである。それなのに、自分よりはるかに努力してない人間が自分より好かれているのを見るのはツラかろうし、不快だろうとは思う。そんなイライラしている状態で接触に行っても、楽しく接触できるわけもない。それでもＴＯでいたかったり、その現場のホモソーシャルのなかでの地位にこだわりがあるから、なかなか他界もできない。

そんなにツラいのなら、よその現場に行って頑張ればいいと思う人もいるだろう。それは当然である。しかし、そういう行動をすんなりとる人はなかなかいない。せっかく築いた地位を放棄して新天地でイチから頑張っても、同じような地位を得られる保証はないからだ。アイドルのライブに行く本来の楽しさがなくなろうと、オタクのホモソーシャルのなかの楽しさは捨てがたいので、それを保持するために現場に行き、推しているというアピールは続けなければならない。

そんなんだったらアイドル現場で集まらず、普通にみんなで遊びにいったりすればいいだけではないか、というふうに思う人もいるだろう。しかし、アイドル現場という環境で形成される価値観で地位がつくられている以上、そこから離れては集団は維持できないのである。

集団で現場を移動してくるオタクの話は1章で書いたが、そういう集団は以前の現場では強い立場でなかったケースがほとんどだ。推しが辞めたり、グループ自体の解散、あるいはグループの方向性が変わることで現場自体が失われた場合。ファンの数が増え、現場内での影響力が相対的に下がったことに不満を感じる場合。そういったことがなければ、強い立場の集団が相対的に現場での地位が下がる危険を冒してまで、よその現場に移動することはないだろう。現場自体が変わってしまうような変動がアイドル側に起こり、それによって集団の維持が不可能になる事態が起こらないかぎりは、他界したりはしないものだ。

オタ活にも自分の適量がある

自己愛が強すぎるタイプとオタク社会での地位を優先するタイプの2例をあげたわけだが、こういう両極にあるともいえる極端なパターン以外にも、接触を楽しんでいない人たちはいる。

アイドルを推すことが義務感になってしまっている状態は、多くのオタクが経験してしまうだろう。義務になってしまったら、仕事といっしょで純粋に楽しむことが不可能になってしまう。そういう場合、とりあえず現場に行かないという選択を一度してみるのが重要だ。本当に心が離れてしまっていることを実感して他界したり、間をあけることで本来の現場の楽しさを思い出し、楽しくオタ活を再開できたり、結果はどちらになるかはわからないが、楽しくない状況から脱出できることは間違いない。

接触に行きすぎることによってマンネリに陥り、楽しくなくなっている人もいる。アイドルは歌やダンスがやりたくてなるもので、トークのプロや接客のプロを目指してなるものではない。当然、週に何回〜何十回も同じ人と同じシチュエーションで会話する状態を何か月も続けていれば、話す話題がなくなるアイドルも出てくる。これはオタク側も同様であろう。よほどの話上手でもないかぎり、毎回盛り上がる会話などはできるわけがない。とくに実りのある会話をしようとする人ほど、マンネリ状態に苦しみを感じてしまうようになる。そのマンネリを苦としない、そのマンネリを楽しむような心の強さがオタクには必要とされるのだが、みんながみんなそんなにタフではない。どんなに美味しいラーメンでも、フードファイターでもないかぎり、一度に何杯も食べられないのが普通だし、無理して食べたら体調を崩す。アイドルもそれと同じで、自分の適量というものがあるのではないだろうか。

アイドルとたがいにふざけた会話をすること。アイドルの前でふざけてみせて笑わせること。真摯にライブの感想や自分の想いを伝えること。アイドルをとにかく褒めること。アイドルといっしょになにかの文句を言いあうこと。まあ、同じ人の接触に通いつめ、マンネリを乗り越え、最終的には世間話だけするようになるところまでやって接触、という気もするが。どういう会話が楽しいかは別として、楽しくない接触というのは基本よろしくないものである。楽しめない接触に赴くのは不健全だし、アイドル側にとっても負担でしかない。接触に行くからには楽しくやらないと、自分にも相手にもよくない。

この節の最初のエピソードに登場するTOの彼がよかったのは、あの人はなんだかんだで楽しそうだったということだ。自分よりほかのオタクが好かれていたり、ライブに行きすぎて会話の話題もなくなったり、いろいろと思うところはあったとは思うが、彼はひとりで楽しんでいた。

接触を楽しめていないオタクについて今回は触れたわけだが、オタク側が楽しくてもアイドル側は苦しんでいる場合もある。次節では接触を中心にそういったことについて触れていきたいと思う。

ひとりよがりな「愛情」が与える苦痛

アイドルとオタクがズレるとき

わざわざ、時間もお金もかけてアイドルのライブイベントというエンターテインメントの現場に足を運んでいるのに、自分の心のあり方のせいで楽しめなくなるということは愚かしいことだ。基本的には我々は楽しむために現場に赴くのである。それが推しの卒業・脱退ライブ、グループの解散ライブであったとしても、終わってしまうその瞬間までは、ただただ楽しい時間が積み重なっていくというのが理想である。

それは大前提であるのだが、オタク側が心から楽しんでいるからといって、演者側はかならずしも楽しくない場合、不愉快になっている場合も当然存在する。そこにもいろいろな状況、さまざまなパターンがあるわけだが、全体的に似通ったものが通底しているようにも見える。

そういった事例があるということを知った人が普通に想像するのは、演者に対して悪意がある例であろう。対バンライブでたまに見られるような、ほかのアイドルのオタクがライブ中に悪ふざけで沸いてみせるというような例などは、ひじょうにわかりやすい例だ。目当てのアイドル以外で盛り上がってみせること自体は悪いことではないが、あからさまに下に見て馬鹿にした感じで悪ふざけを始めるようなオタクもいるわけだ。悪質な行為ではあるが、オタク側の心理も想像しやすい。そもそも相手に対してなんの気持ちもないのだから、そういう他人を馬鹿にした行為をする奴もいないではない。分析することはたやすいだろう。

ただ、こういうあからさまに悪質なケースはそうそう頻繁に起こるわけでもない。こういうことをやると、そのアイドルを推しているオタクと揉めごとになるのは当然のことなので、よほど相手を舐めきってないとあからさまにはやらない。そういうわけなので、オタクがぜんぜんいないようなグループで起こりがちではあるが、よほどひどい悪ふざけをしなければ、アイドル側からしてみれば「知らないお客さんが盛り上がってくれてる」というふうに見えるだろう。

ステージがよくて新規のお客が自然に沸いてしまったのも、対バンのオタクが親切心で沸いているのも、悪ふざけをしてるのも、オタク側の視点からは即座に区別がつくにしても、ステージ側からは瞬時に区別できるわけではないのだから。存在しても、アイドル側が気づかなければ何事もないように過ぎ去ってしまう。

単純に個人的な悪意があってわざと現場を荒らすような場合（過去に運営と揉めた、アイドルに干されたなど）も存在するが、それはたんなる復讐行為であり、べつにアイドル現場を楽しんでいるわけではない。また、大規模イベントなどでオタク集団がわざとルールを違反するようなことをしてセキュリティと揉めてみせるのも、アウトローめいた振舞いによってオタク社会で承認欲求を満たそうとする行為であって、すでにアイドルのことなど関係なくなっているので、少し違う話になるだろう。

ズレが引き起こす不幸な関係

悪意はないのだが、単純に現場で目立ちたくて変な悪ふざけをしたために、アイドル側に嫌われるオタクもいる。これなども、わかりやすい。たんにその個人が愚かな目立ちたがり屋というだけだ。べつに目立ちたいからではなく、高まりすぎて奇妙なことをしてしまう人（沸くタイプの現場なのにステージを見つめていたくて地蔵でいるのも、ある意味その現場では奇行の一種である）も存在するが、無害な（あるいは愛すべき）奇人としてアイドル側から許容される場合が多い。目立ちたくてふざけていても、それが面白いからアイドル側から嫌われない人も存在する。ほかのオタクが嫌がったところで、明文化されたルールに反しておらず、アイドル側が好意的に受けとっているのであれば、それはそういう現場なので、嫌なほうが現場を離れるしかない。

そういうアイドル側からは受け入れられる人たちと、嫌われるオタクの差というものは、演者・ステージに対する敬意やセンス（単純な面白さのセンスや場の許容範囲を読むセンス）の有無なのだろう。地下アイドルの現場においては、定型でないタイプの変なオタクは、なんだかんだで面白い人としてアイドルから愛されている場合が多い。そういう場で、目立ちたいという程度の動機で嫌われてしまうというのは、そこに至るまでの過程でいろいろと問題がある言動がある人であった場合が多いだろう。

また、なんの悪意もなく純粋な気持ちから現場で沸いているのにアイドルから嫌われている哀しい例もある。グループの音楽的な部分やステージでの表現の方向性を理解しないまま、オタク側がグループの方向性にそぐわないノリで頑張ってしまっている場合だ。アイドル現場での定形の沸き方しか知らないために、なんの悪意もなくステージ側の意図にそぐわない行動で表現を潰してしまい、疎まれるパターンである。ステージ側からすれば、自分たちが頑張って表現しているものを台無しにされているわけだから不快になるわけだが、オタク側は頑張って応援しているだけなのでどうにもしようがない。グループの方向性を理解する客が増えていくことで、自然淘汰的に現場がグループの望む方向性になっていくことで解決されるしかない。

しかし、グループの方向性を支持している客が多かった状態から、無理解な客が多数を占めるようになることも、実際には起こる。いわゆる「アイドル文化」というものは音楽性やステージングよりも演者の容姿や「キャラクター」の魅力というものに大きく比重をおいたものであるために擬似恋愛的なものが強く場を支配しており、そのために文化的趣味嗜好を超えて人を呼び寄せてしまう以上は避けられないことでもある。好きな人が好きな表現をしているとはかぎらない。

かみあわない、だから気づけない

女の子に対しては気持ちがあるのだが、ステージ上の表現というものにそんなに重きをおいて考えたりしていないために起こってしまう悲劇が右記の例だが、はたから見ると一見同じに見えるがより悪質なものもある。それは現場の個人のモチベーションの主体が、アイドルよりも自分の属するオタク集団のほうである場合だ。

この問題は何回か触れているので、細かく言及することはしないが、演者に対する敬意が根本の部分で欠如している。顔がある程度以上好みで自分に愛想がよいという条件を満たしているアイドルであれば、彼らの求める機能を満たすのに十分であり、深くグループの方向性や個人の性質を考えたりすることを必要としていない。先の例にあるのはステージャ演者の気持ちに対する無知・無理解であるが、この場合にあるのは演者の気持ち・人間性に対する無視である。そこには現場に金を落としていることからくる驕《おご》りも存在する。

アイドルによっては、そういったオタクのホモソーシャルを内面化して積極的にかかわったり（実際につながったり、引退後に行動をともにする例もある）するタイプの人もいれば、現役時にはハッキリ表明しなかったが引退後にそういうものに対する嫌悪感が滲み出ている人もいる。たとえ運営側が考える方向性をオタク側が無視して行動しようとアイドル側がそれをよしとしてる場合もあるし、運営側がオタク側の行動をよしとしていてもアイドル側が受けつけられない場合もある。

アイドルと運営とオタクのそれぞれの「アイドル」というものに対する考え方がピッタリと合っていれば、はたから見て歪だろうが、その現場にいたい人がその現場にいればいいというだけの話でもあるのだが、そういうふうにうまく組み合わせがいくとはかぎらないのが現実ではある。客商売である以上、よほどのことがないかぎりはアイドル側や運営側から露骨に客を拒絶するわけにはいかないし、オタク側もその場がいちばん楽しいあいだは、露骨に排除されないかぎりはとくに去ることもない。自分がアイドルに精神的な苦痛を与えていることに気づかないまま、あるいは無関心のまま、その現場で過ごしていくオタクも多く存在することになる。

苦痛を与える接触しかできないオタク

　これまで触れてきた問題は組み合わせの悪さによって生まれてくる問題である。これまで触れてきたようなオタクのホモソーシャルも、社会的状況を反映した問題が内包されているのは確かなのだが、運営・演者・客のすべてがそれを疑問視することなく普通のものとして受け入れているのであれば、現場単位では問題とされることはないだろう。また、組み合わせが替わることで解決できる問題も存在する。

　つぎにあげるのは、どういう組み合わせであっても相手に苦痛を与えるような接触をしてしまうオタクについての話になる。

　その人が推すとアイドルが辞めてしまうというふうに言われるオタクが存在する。多くの場合は他愛のない冗談で言われているだけだ。実態としては、どう考えても人気の出なさそうなグループを推しがちであったり、辞めてしまいそうな人気のない人、精神的に不安定で活動を持続するのが難しそうな人、運営の定める規約に反してしまいそうな素行に問題がありそうな人を推してしまいがちな人をからかってるだけにすぎない。

　しかし、なかには本当にクラッシャーとしか言いようがないタイプのオタクもいる。活動に対するモチベーションも高く、人気もあるような人を辞めさせてしまうような、アイドルを精神的に病ませるような接触のやり方を好んでしているオタクだ。パワハラめいた高圧的なコミュニケーションをとってしまうタイプが多いように思われる。本人としては善意でアドバイスのつもりでやっている人間もいるし、若い女の子を逃げ場のない状況でいたぶることに快感を覚えている者もいる。そういうパワハラめいたコミュニケーションを普段から職場や家庭で無自覚にとってしまっている人間もいれば、変質者めいたサディスティックな人間もいる（両者が入り交じったタイプも存在するだろう）ということだが、やられるほうにしてはたまったものではない。悪気があろうがなかろうが、やられるほうにとっては同じことだ。こういうオタクが現場に居着くことはアイドルにとっても、ほかのオタクにとっても不幸なことである。

接触時にアイドルを不快にさせる例としては、露骨に性的な話や下品な話をする、相手の心を逆撫《さかな》でするような無神経な発言をするといった、一般社会でもよく見られるコミュニケーション能力に難があるタイプの人たちによって起こされているものがある。これらはひじょうにわかりやすいし、なにがおこなわれているかが理解しやすい。

コミュニケーションに難があるといえば、どのアイドルの接触に行っても自分が考案したオリジナルのポーズをやらせてチェキをとることに執着し、会話もそれをやってもらうことだけに向けて一方通行的におこなわれ、だれが相手でも判を押したように同じ言動をしている風変わりな人をよく現場で見かけた時期があり、あれもアイドル側は大変そうであった。ただ、基本的には無害だ。

筆者が通っていた界隈で、アイドルと結婚の約束ができていると思い込んでいる中年男性が現れたことがある。よくある冗談めいた求愛かと思ってアイドル側も対応をしていたら、じつは本気であったというパターンだ。彼がスポーツ観戦をアイドルに勧めて、アイドル側が今度見てみるということを言うと、自分といっしょに見にいくと思い込んでしまうような人だった。そういう思い込みの数々をTwitter上でほかのアイドルにも報告しだして、彼が本気だということが同じ界隈のオタクに知れ渡ることになった。現場でも変人だとは思っていたのだが、そこまで異常だとは思ってなかったので驚いた。

彼女がアイドルを辞める時期と被っていたため、彼のなかでは「彼と結婚するために引退する」ということになってしまったようで、Twitterでのはしゃぎっぷりは凄まじいものがあった。アイドル本人が彼に対して否定しても理解できない様子であったが、彼女の友人のほかのアイドルにTwitterで詰められたうえに最後のライブに入れてもらえず追い返され、オタクからもさんざん叩かれることに。そうなって現実を理解したようだが、すぐにほかの場所で元気にオタ活を続けていた。

また、筆者の行っていた界隈で、アイドルにやたら触りたがる初老男性が出没していた時期があった。密着してチェキが撮れるような接触ができるような地底アイドルにも通っていたようだが、そういうレギュレーションのないアイドルでも触りたがる。ライブ中にオタクとハイタッチ的な振り付けがあるパートで手を握ろうとする。物販中に顔をいきなり撫でる。運営の人手が手薄なところ、おとなしそうな子を狙ってやっている点、一度触ったところにはつぎは現れない点から考えて、地底の触れる接触をやっているアイドルをメインにしながら意図的にあちこちで同じようなことをくり返していたのだと思う。

杖をついていたので、オタクも親切で前のほうに入れてあげたり、アイドル側からも親切にされていた（バランスを崩したらいけないので、普通より近くに寄ってあげるような）ようだが、お触りおじさんとして警戒されてほかのオタクが調べてみると、同時期にアイドルと元気に神輿《みこし》を担いでいる（オフ会的なイベントでだと思われる）写真が出てきたので、擬装なのかもしれないと噂になった。

苦痛を与えるのは「異常者」だけじゃない

結婚妄想の彼やお触りおじさんの件は、あからさまに異常な個人が起こした事例であるが、べつに異常な人だけがアイドルを苦しめる異常な行動をとるわけではない。

仲のいいアイドルが集まったトークショーでのこと。出演者みんなが、文章を書くのが好きなような内向的で個性的なタイプであり、グループのなかで一番人気ではない人たちでもあった。ライブ中にほかのメンバーばかりオタクが見ていて、センターで歌っているパートでもこっちを見ていなかったり、撮影もされないのは不快だという話題がそこでされたあとの出来事だ。その話題を受けて、ひとりのアイドルを推しているオタクたちが、彼女が発言している最中に集団で写真を撮りだした。それはいいのだが、ほかの人が発言をしだしても、騒ぎながらそのアイドルを撮影するのをやめようとしない。司会者が注意してやめさせたのだが、彼らはなにをしていたのだろう。彼女がしてほしくないと言っていたことをほかの人に対してやって、彼女が嬉しいと思うのだろうか。しかも、ほかの出演者もプライベートでも遊びにいくような親しい間柄だ。友人に失礼な態度をとられて、彼女が喜ぶわけがない。

オタク側としては、彼女への愛を伝えるために張りきったのだろうが、それは彼女を傷つける行為でしかない。そのアイドルは大学でジェンダー関連の授業をとっていることを書いていたり、ミソジニー的なものに対して嫌悪感を文章でたびたび表明している人であったし、彼らの行動は典型的なアイドルオタクのミソジニーの発露として、もっとも彼女に嫌われる行為だろう。推していると言い、愛があると言いながら、彼女がどういう人であるかを理解しようとぜんぜんしていない。

彼女のバイト先の飲食店で、彼女のオタクが溜まりだす事態になった。アイドルが複数バイトしているが普通の飲食店であり、コンカフェの類ではない。集団で集まることで仲間の結束を高め、彼女に対する愛を高めあい、彼女に自分たちの愛をアピールしているつもりだったのかもしれないが、長時間居座ることはほかの客の迷惑であるし（アルコールの提供はあるが飲み屋ではないし、集団で長時間たまるような営業形態ではない）、店にとっても当然迷惑だ。

それについて彼女がblogで苦言を呈したら、「Twitter上で「頭ゴンゴン」とリプを飛ばす者がいた。「悪いことをしたので頭ゴンゴンしたよ、ごめんね」ということなのだろうが、真面目な問題で苦情を言われているのにありえないだろう。まったくもって信じられない話だ。どう考えても自分たちが悪いのに、あんなことを言わなくてもいいだろうと言いだす者もいた。愛していると言いながら、結局は彼女をひとりの人間として尊重できていない。自分が盛り上がるためのツールでしかない。

オタクの一方的な「愛情無罪」みたいなものは許されない。愛を訴えながら、相手をまったく理解しようとせずに自分に酔っているだけであり、想像力に欠けすぎている。

どの問題も突きつめれば共感性の乏しさと想像力のなさが根底にある。共感性や想像力はコミュニケーションを成り立たせるために必要なものであり、表面的な会話スキルといったもの以上にコミュニケーションにおいて重要なものだ。コミュニケーション能力が乏しいがゆえに、金銭を介在させることでコミュニケーションを成立させてもらえるアイドル現場にハマる人間がいる可能性は否定できない。

4章

アイドルのつくりかた

運営になるオタクたち

オタク自身の理想をもとめて

どんなジャンルの音楽であれ、熱心にライブを見に通うようになったり、作品にのめり込むように聴き込んでいるうちに、自分が演者側に立ちたくなってしまう客側の人間というのが生じてくる。

これは自然な心理であるといってもいいだろう。単純にステージの上で輝いている演者のように自分も輝いてみたいという心理もあれば、ステージや作品に自分が救われたという想いをした人のなかには、自分がほかの人を救う立場になりたいという使命感めいたものにかられて演者になろうと決意する人もいる。音楽自体に強く惹かれている人ならば、自分もあのような音楽をつくってみたいと思うこともある。どれかひとつが動機になるというよりは、人によって割合はさまざまだが、それらの動機が複雑に絡みあって、演者側への道へとつながっていくわけだ。

バンドであったり、ラッパーや、HIPHOPやその他のクラブミュージックのトラックメイカーに憧れているのなら、ストレートに話は進む。バンドに憧れたらバンドを始めればいいし、ラッパーに憧れたらラッパーを目指せばいい、トラックメイカーになりたければ機材やソフトを手にいれて曲をつくりはじめればいいだけのことだ。原則的には老若男女問わず、それらになることは可能であるし、とにかく始めればいいだけのことではある。

しかし、これがアイドルとなると話は違ってくる。どんなにアイドルが好きで憧れていても、すべてのオタクがアイドルになれるわけではないのだ。女性アイドルに憧れて女性アイドルになることができるのは、現状では原則的には女性だけだからである。

そう、アイドルオタクの過半数を占めるであろう男性オタクは、どんなに憧れようともアイドルには原則的になれない。ここで原則的と書いたのは、現時点において男性として戸籍上は登録されているオタクのなかには性自認が女性である人もいるかもしれないし、ヘテロ男性であっても女装子ユニットみたいなかたちで「女性」アイドル枠で活動できる可能性はあるからである。とはいえ、いわゆる女オタがアイドルになる可能性と比べたら微々たるものであろう。

このように、あらかじめアイドルそのものになる条件を剥奪されている男性オタクが演者側に回りたければ、どうすればいいのか？　アイドルが好きで好きでたまらず、脳内には理想のアイドルのコンセプトがグルグル回っているというのに自分はアイドルになることができないオタクはどうしたら、その理想を現実化することができるのか？

その答えはひとつ、運営になることである。

まあ、これはアイドルという存在、その文化が好きでたまらないオタクが運営になるという場合のひじょうに美しいかたちの例であって、べつに理想に燃えて運営を目指すわけでもなく、運営になってしまうオタクもいる。そこも含めて考えていかなければならない。また、運営ではなくイベンターを目指すオタクもいるのだが、それについても考えていきたい。

アイドル運営の3つの類型

アイドル運営を目指すオタクについて考えるまえに、アイドル運営自体について、どのようなタイプに分類することができるか考えてみよう。

おおまかに分けるなら、①芸能事務所系、②ミュージシャンなどのクリエイター系やそういった業界にいた人間が直接的に運営に携わるタイプ、③アイドル運営をやりたくて運営を始めるタイプに分けられる。所属タレントの活動形態のひとつとしてアイドルを運営しているタイプと、自分の作品や表現をアイドルをとおして世間に流通させるために運営しているタイプ、アイドル運営であること自体に意味を見出しているタイプという違いがあると言いかえてもいいかもしれない。

一見、仕事として利益優先でおこなっている系とアイドルに対する理想のためにおこなっている系に分かれているようにもみえるが、そう単純な話でもない。これら3つが完全に分化しているわけでもない。

芸能事務所系であっても、アイドル自体のあり方についての異常に高いこだわりがある場合もある。芸能事務所に所属しながら、マネタイズはほかの活動でおこない、個人的な趣味性の高い表現活動をアイドルでやろうとしている運営もいる。ミュージシャン系の運営でも、自分がやっていた音楽とは関係ない売れそうなことしかやらない運営もいる。アイドル活動をやるためだけに運営を始めたとしても、べつにアイドルとしてのステージ・音楽表現にはこだわりがぜんぜん感じられない運営も珍しくはない（これについては後述する）。

アイドル運営には、お金が好きな人、楽曲が好きな人、女の子が好きな人がいるということがいわれている。この場合の楽曲は単純に曲ということだけではなく、表現と言いかえることができるだろう。女の子が好きというのに関していえば、アイドルという存在が好きなのか、従順な若い女が好きなのか、というふたつの好きがあり、その違いがアイドル運営としてのあり方に大きく作用する。運営としての出自に加味して、これらの要素が絡んでくる（単純にどれかひとつがモチベーションであるわけでもなく、そこにはグラデーションがあるだろう）ことで、それぞれの運営スタイルが決まってくる。

オタクが運営になるということに関しても、いくつかの道筋がある。

芸能事務所や音楽事務所に勤めていたり、就職したりしたアイドルオタクが、そこの業務として始める場合。夢みるアドレセンスの運営などはこのパターンだろう。ミュージシャン・クリエイター系にも自己の表現活動の一環としてアイドル運営を始めたような場合だけではなく、めろん畑 a go go の運営をはじめとして自身がアイドルオタクであった場合も多い。

事務所のなかの人間が始める場合は会社の資本やマネジメントのノウハウやコネクションが、ミュージシャン・クリエイター系であれば楽曲などのコンテンツ制作能力が最初から備わっており、アイドル運営を始めるにあたって最初から武器を持っている。それに比べれば、そういう職種にもついておらず、制作経験もない完全に素人のオタクは、そういった点で苦労をしいられることになる。

一筋縄ではいかない素人オタクの運営

オタクあがりの運営について、そんなに大変なのに運営になるくらいアイドルが好きなのだから、アイドルというものに対して情熱と高い見識をもっているだろうと思う人は多いだろうが、かならずしもそうではない。アイドルに関して知識をもっているのは間違いないし、知識があることは運営をするにあたって有利に働くことは間違いない。間違いないのだが、知識だけあっても考察をすることができていなければ、べつにその知識は役には立たないし、アイドルに対する理解も低いままなのだ。

情熱に関しては、たいていの人はもっている。ただ、どういうアイドルをつくりたいというたビジョンもないままにアイドル運営を始める人間も珍しくはない。「アイドル運営になって、ほかのオタクに偉そうにしたい」といったレベルのモチベーションでアイドル運営を始めてしまう人間も珍しいわけではないのである。そういったところは短期間で活動が終わるし、御披露目するまえになくなってしまうようなひどい例もある。

また、アイドルオタクではあるが、本質的な部分ではアイドルという存在が好きというわけではなく、結局のところ従順な若い女の子が好きで、そういう女の子（それはたんにキャラクター上のイメージであったり、接触という業務で客に対してそのように振る舞うしかないからだったりするからなのだが）に接することができるという理由からオタクをやっているタイプの人が運営を始めてしまう場合もある。若い女性に近づくため、あわよくば自分のものにするために運営をやろうとしているだけなので、かならずといっていいくらい問題が起こるし、これまた短期間の活動や活動する以前に終わってしまうことも珍しくない。

このようなレベルの低すぎる例はおいておくとしても、オタクあがりの運営にはアイドルに対する見識が高い場合が多いのかは疑問が残る。それはその運営がオタクとしてやってきた活動と密接にかかわっている。

接触にしか興味がないオタクが運営になっても、接触のシステムやレギュレーションに関しては一家言あり、メンバー選びに関しても一般的にオタク好きがするような人材を選ぶ傾向があったり、オタクにとって快適な接触空間をつくることができるかもしれないが、それについてしか興味がないので、ステージや楽曲についてはひじょうに微妙なものをつくってしまうことがある。これは極端な例だが、オタクあがりの運営は結局のところ、オタクとしての自分が快適なものをつくろうとするわけで、オタクとしての自分の活動のあり方が、運営するアイドルに大きく作用してしまうのだ。

沸ける現場が好きな人は沸けるアイドルをつくる。楽曲派（ロリコンの隠語としてではなく本来の意味で）が好きな人は楽曲派アイドルをつくろうとする。好みによって理想のアイドルは違うし、人それぞれではあるが、漠然とそういうものが好きなだけで、そこに独自のセンスとこだわりがないタイプのオタクは、アイドルをつくったというだけにとどまって、凡庸なものをつくりがちだ。アイドルグループを運営しているという喜びを得ることだけに終始してしまうのかもしれない。

どんなに漫画が好きで何千冊と漫画を読んでいようとも、漠然と「面白かった！」と思っているだけで、なにが面白いのか、なんで面白いのかといったところまで考えられない人が漫画を描いたとしても、漫画を描いたという事実が残るだけで、面白い漫画を描ける可能性は低いだろう。それと同じだ。面白いアイドルグループをつくるオタクは、オタクとしての独自のセンスと強いこだわりをもったオタクである。

ただ、独自のセンスと強いこだわりをもったオタクがつくったアイドルが成功するかというと、やはりかならずしもそうではないのである。

情熱だけでは続かない

アイドル楽曲を好む人のなかには、不安定な歌声、ハッキリ言うと歌が下手なことを好む人がいる。しかし、それはグループの場合、たくさんの歌声のなかのひとつとしてバランスのなかで成立するものだ。アイドルグループのメンバーのなかには歌メンやダンスメンといわれるような、ルックスで人気を得るタイプというより、歌のうまさやダンスのうまさでグループに貢献するような立場のメンバーがいる場合がある。ちゃんとうまく歌えるメンバーがいることで歌全体が安定し、不安定な歌声のよさが逆に際立つのだ。

あるグループの話だが、ルックスもよくてキャラクターも面白い子だが歌が壊滅的に下手なメンバーがひとりしか残ってない状態になっていたところに、新メンバーがひとり入ることになった。ルックス面を重視して加入させられたようにも見えず、とくにダンスが強調されているグループではなかったので、なんとなく歌が弱いのでそこを補強できる感じの歌メンなのだろうというふうにオタクが思っていたところ、実際のステージ上では元のメンバーと違ったタイプの不安定な歌声が披露され、驚くことになった。

たしかに面白かったのだが、違ったタイプの不安定な歌声が同時に存在するというのはひじょうに落ち着かないものがあり、一般的には受けないだろうものであった。運営が楽曲制作を依頼している面子を見ても、実際の楽曲クオリティーから見ても、音楽面でのこだわりがひじょうに強いタイプであり、歌声に無頓着なわけでは絶対にない。

よくよく考えてみると、そこの運営がオタクとして好きだったグループというのは不安定な歌声の子が効果的に貢献していたグループであり、たまたま歌が下手なメンバーが集まったのではなく、意図的に入れたものだと思われる。そう考えるなら、あのメンバーは運営的には歌メンだったのかもしれない。そういえば、その後に入ったメンバーもとくに歌がうまいタイプはいなかった。こだわりの強さゆえに独自の面白さをもったものをつくれたが、それゆえに一般性が失われた例ではないだろうか。

また別のグループの話になる。個性的で面白いメンバーがそろったグループであったのだが、ひじょうにメンタルが不安定な人が多く、そういう人たちを集めて安定した運営をするのは当然ながら難しいわけで、メンバー間の仲たがい、ライブ欠席から突然の脱退、たびたびの入院といったようなことが起こった結果、空中分解状態に。面白くて「ひどい」ものをやろうとしていたのがグループコンセプトや演出からもうかがえ、ほかの条件で選んだ結果、偶然そういう子が多かったのではなく、そういう子をわざわざ選んでしまったのだろう。

運営は、オタ芸のテンプレやフォーマットからズラした、ありえなすぎてつい笑ってしまうような「ひどい」フロアーの使い方や「ひどい」コールをしてくる面白いオタクだった人で、あの人がつくるであろうタイプの「ひどい」面白さを重視したようなグループだった。彼がオタクとして通っていたグループは、ひじょうに個性的なコンセプトと楽曲を持ち、ひじょうに個性的で面白い、メンタルが不安定なメンバーのいるグループだったのだが、彼女のことが大好きなひじょうにしっかりとした人格者タイプのメンバーがいることでグループ内のバランスが成り立っていたのであり、そういうメンバーなしに、しかも複数の不安定なタイプを集めてもバランスが悪すぎるのである。これも、オタクとしてのこだわりを重視しすぎてしまった例のような気がする。

アイドルに対して漠然としたレベルの考察しかないままに情熱だけで運営を始めても、多くの場合は凡庸なものしかできない。かといって、とことんアイドルを考察することで生まれたセンスとこだわりをもとに理想のアイドルをつくろうとしても、急進的にことを進めすぎてひじょうに偏ったものができてしまい、うまく活動することができない場合もある。オタクのこだわりというものは、表現に対するこだわりというより自分がなにで快楽を感じるかに対するこだわりである場合が多く、それ以外の部分が抜けることで、バランスが悪いものになりがちだ。

オタクあがりの運営だけの話でないが、運営の極端なこだわりによって生まれるものは個性的で面白いものであることは多く、筆者も個人的にはひじょうに好きなものである場合は多いのだけれど、世間一般の考えるようなアイドルとしての成功をおさめる可能性は低いわけで、メンバーがそのような方向性のグループであると認識したうえで楽しく活動できているかどうかは大きな問題になるだろう。それでも漠然としているタイプよりは、こだわりが強すぎるタイプのほうが突出したものをつくることはあるわけで、それがなにかの拍子に注目を集める可能性がないわけではない。

神様のいたずらめいた偶然がなければ、ある程度以上の注目を集められるグループをつくれるのは、アイドルは売れなければならないという方向でこだわりをもっているオタクであったり、たまたまセンスとこだわりの方向性が世間と乖離している部分が少ないオタクであるか、強いこだわりをもちながらも客観性をもってバランスよく配置することができるオタクなのだろう。ある程度のバランスのよさや客観性は必要なのである。

女オタの運営登場の伏流

女オタが運営サイドに回る場合も、もちろんある。女性でアイドル運営をやっている人にはどのような人がいるかということ自体を、まずは考えてみよう。

芸能事務所の代表や社員。自身や仲間で運営を立ち上げる者。みずからがアイドルとしてステージに立ちながらプレイング・マネージャーとして運営にかかわる者。この3つに大きく分けられる。

男性のオタクと違い、女性のオタクはみずからが女性アイドルになれる可能性をもちあわせている。とはいえ、なんのジャンルでもそうなのだが、演者側に回るよりも観客側に身をおいていたい人というのはいる。すべての女オタが自分もアイドルになりたいと思うわけではない。自分のもっている年齢・容姿・才能などの条件でアイドルになれるとは最初から思ってない人もいる。

アイドルになりたくても、オーディションを受けつづけても受からなくて諦める人もいる。場を選ばなければ、だれでもアイドルとしてデビューできる時代ではあるが、さすがになにがなんでもアイドルになりたいといっても、人によって許容できる範囲の限界はある。本当のド地底で、メジャーなアイドルの曲、アニソン、ボカロ曲をカラオケで歌っているような活動を許容できる人はさすがに少ない。スターとしての華やかさの欠片《かけら》も、クリエイティビティーの欠片もないような活動を許容することは、アイドルオタクであればあるほど難しいだろう。ある程度は選り好みするわけで、そうなるとアイドルになれない人も出てくる。そういった人が運営側に回るかというと、そうでもない。

運営側に回る女オタは、最初の段階で自分はアイドルになれないと思っていたタイプの人が多い。アイドルという概念を深く考えすぎた結果として自分はアイドルになれないという結論に達してしまったような人間が、最初から運営に回るのだ。

運営に回るというのは、たんにマネージャー的なものがやりたいということではなく、アイドルグループをディレクション、プロデュースすることが目的で運営を目指すということである。旧来の地下アイドルを扱う事務所ではマネージャー的な立ち位置の若い女性はいても、プロデューサー的な立ち位置の女性を見かけた記憶は個人的にはない。たんに一社員として与えられた業務を果たしているだけで、本人がアイドルオタクあがりでなにかやりたいことはあったのだろうけど、実現しないまま職を辞していった例を知ってはいる。

女性プロデューサー・ディレクターとしてはディアステージの福嶋麻衣子氏（もふくちゃん）という例外はあったが、彼女も旧来のアイドル畑の人間というよりは、別系統のカルチャーを通って独自の活動をしていた人物である。現在では、でんぱ組inc.の商業的成功もあって勘違いされがちだが、ディアステージは本来、いわゆる旧来のアイドル業界から見るならば辺境の地にあたる2・5次元といわれるようなアニメ、ゲーム、マンガ、声優のオタクと親和性が高い場で独自の活動をしていた。そのようなアキバ・カルチャーとアイドル・カルチャーは隣接してはいるが、本来は違うものである。

プロデューサーやディレクターといえるような役割を果たす女性運営が地下アイドル周辺で目立ってくるのは、多種多様な人たちが地下アイドル運営に参加したあとの2015年以降であり、その多くはプレイング・マネージャー的な立場をとる人たちであった。

批評家・濱野智史氏がプロデュースしたP・iPというグループはメンバー全員がプロデューサーやクリエイターとして自立することを目指していたが、実現したとはとうてい言い難い。ただ、2015年にメンバーである森崎恵がプレイング・マネージャーとしてプロデュースした派生ユニット、Last Rabbiはカヴァー曲のセレクトの特異性（本人がオタクとして現場にいた、ねがいごとという東京の地下の一部にしか認知がないようなグループの楽曲をカヴァーしている）を含め、グループ自体の評価とは別に、女オタが自分の理想に従ってアイドルグループをつくった最初期の例として記録されるべきであると思う。

また、地底のソロアイドルは自分ひとりで、あるいは運営と二人三脚で活動している人も多く、結果として、そう名乗っていないだけで実質プロデューサーとしての役割を背負って運営を兼ねている人も多かった。そういった人たちのなかでも突出した個性をもった人たちがゼロ年代中盤以降にフックアップされる例もあった。同時に、みずから運営業務も兼任しているセルフ・プロデュースのアイドルの活躍が目立つようになった流れもあり、アイドル兼運営といった形態のアイドルは広く認知されていくことになる。

そういった流れのなか、小規模な運営グループや運営母体になる会社にプロデューサーとして所属する若い女性の存在に気づくようになったのは２０１７年ぐらいからだろうか。なんらかのアイドル現場に客側としていた人たちである。あくまで裏方であり、演者ではない若い女性、グループに対する決定権を握っている若い女性。現役の演者が運営もこなしたり、アイドル経験者が裏方に回ったりしたわけでもなく、最初から運営として活動を始める若い女性の存在は、地下アイドルシーンの多様化を物語るものであったと思う。

余談ではあるが、プレイング・マネージャーとして運営に携わっている場合、長期的にうまくいくことは珍しい。結局、演者としての意識が先にたち、グループとしてのいちばんいいかたちを考えるより、自分がいちばん目立ちたくなる人が多いからだと思われる。オタクもアイドルも俯瞰で自分がやっていることを見るのは難しいということだと思う。

よいオタクがよい運営になるわけじゃない

こういった若い女性運営とチェキを撮りたがるオタクというのは、かならず現れる。変な話なのだが、運営女性のほうがメンバーよりも一般的な観点からは容姿が評価されるような人がいることもあるわけで、そこにがっつく人もいるのだ。オタクというのは困ったものなのである。運営としても利益になるので普通にチェキをいっしょに撮るようになった人もいるし、そこも現場の面白さとして運営側とオタク側で演じていくことになる。

そういう運営がメンバーの欠席の穴を埋めるために代役としてステージに立ったのを見たことがあるが、容姿もよく、振り付けも完璧なのに、演者としての魅力に欠けていて、運営を選ぶのには選ぶ理由があるのだなと思った。のちにメンバー脱退後にプレイング・マネージャーとしてステージに立つことになったのだが、そのときは演者として成立するようになっていて、アイドルとはなんなのかということを二度深く考えさせてくれた人でもある。等身大の人間としてステージに立ったのか、「見られる」ということを意識し「アイドル」であるという自己規定をおこなってステージに立ったのかということであるし、「見られる」ということがなんなのかという話でもある。

それでも、女オタが運営サイドにプロデューサー的な立場で最初から参加するということはそうは多くない。たいていの人がアイドルを通過してから裏方になっている。また、オタク、オタクでないを問わず、ほかの道のプロである程度のキャリアがあった人が目につく。運営もオタクもホモソーシャル的な部分の強いアイドル業界では女性であるという時点でなめられやすい部分もあり、男性以上に「仕事ができる」ことが必要になるのだろう。

通っていたグループに途中加入した新メンバーを嫌い、露骨に敵意むきだしでそのメンバーを畏縮させていたことで知られる女オタが、のちにプロデューサーとしてＴＩＦ（TOKYO IDOL FESTIVAL）のそれなりのステージに出られるクラスのアイドルの運営として活躍していたことがある。彼女が手がけたグループはひじょうに高い評価を受けていたのだが、かならずしもよいオタクがよい運営になるわけでもないという話でもあるし、かならずしも女性アイドルオタクが男性アイドルオタクよりよいオタクというわけでもないという話でもある。まあ、アイドルに対する自分の美学にこだわる人だから新メンバーに厳しかったという面もあるわけで、その部分がプロデューサーとしては向いていたのだろう。

　女のオタクがミソジニーやホモソーシャルと無縁というわけではなく、人によっては過剰にそこに適応している人もいる。推しに対する理想の押しつけをおこなう人間は、女性オタクにだっているし、「推しは尊い」的な単純化された原理主義は女性のほうに多く見られる傾向がある。そういった点で見ると、女性であることの利点は想定しやすいが、女性オタク運営のオタク要素がべつに男性オタク運営よりも運営としての利点となる部分はとくにない。

　女性オタク運営のほうがアイドルに対する美学にこだわりの強い人が多いように感じるときもあるのだが、右でも書いたように男性社会であるアイドルの世界でやっていくためには熱意とこだわりと能力が並外れた人でないとやっていけないということであって、特質ということではないと考えている。

　ただ、男性オタクの多くがシス・ヘテロ（セクシャル・マイノリティでない人）であり、疑似恋愛的な傾向のなかで恋愛の成就という仮想のゴールを無意識・無批判にもっているのに対して、女性のオタクはあらかじめその仮想ゴールをもちあわせていない人が多いというのはうかがえる。シス・ヘテロの女性オタクの女性アイドルに対する感情は、疑似恋愛とはまた違うものだろう。シス・ヘテロでない女性として、女性アイドルに対する感情

が疑似恋愛的なものであったとしても、男性オタクの多数がのんきに無自覚に抱いている
それとは違うものになるだろう。単純な答えがないからこそ、アイドルにこだわっていく
なかでより考える必要が生じるし、男性のオタク以上に複雑な美学を形成していく人もい
る。

そのように男性のオタクが女性アイドルについてより深く考えるために意図的に脱しな
いといけない有意識の男性優位意識、性的感情、恋愛感情といった部分を、女性のオタク
はあらかじめ脱している場合が多いのではないだろうか。

運営とオタ活の両立は可能か

オタクあがりの運営の陥穽《かんせい》

とりあえず、オタクから地底・地下アイドルの運営側に身を投じ、グループのコンセプトを練り上げ、ある程度以上の独自性とクオリティーの高さをもつ、順調に伸びていく可能性があるアイドルグループを立ち上げることができたとしよう。

オタクあがりだろうが、そうでなかろうが、運営はアイドルグループを経営していくなかでやらなければいけないことが当然いろいろある。そこに運営の出自は関係ない。

楽曲の発注。練習の計画と練習場の確保。円滑にグループ内を回すためのメンバーの精神的なケアや人事。ライブのブッキング。ライブの演出。グッズの開発。音源のリリース計画。媒体に向けた営業。ほかのアイドルグループの運営やイベンターとの社交や営業。物販。ファンとのコミュニケーション。資金繰り。そういったことは、どのグループでも必要とされることである。

楽曲制作ひとつとってみても、ミュージシャン系の運営がみずから全楽曲を制作しているところから、楽曲のコンセプトごとに違うクリエイターに発注しているところまで千差万別であり、それぞれ違うかたちで取り組んでいるのだが、根底の部分では必要とされることは変わらない。あらゆる運営が取り組んでいかなければならないことである。

そんななかで、オタクあがりの運営がグループ経営をしていくうえでとくに気をつけていかなければならない、彼ら固有の問題というものはあるのだろうか。

たしかにそういったものは存在する。厳密にいえば、運営というもの全体に当てはまるともいえるのだが、オタクあがりの運営がほかよりも陥りやすい問題はある。それはオタクやほかのアイドルグループとの距離のとり方を間違えてしまうということである。ほかの出自の運営よりも、オタクあがりの運営はここで失敗しやすい。

まず、対他グループの場合を考えてみよう。

アイドルグループ同士、運営同士というのは、まず同業者という関係である。そのなかで、つきあいの濃い・薄いというものができてくるわけだが、最低限の節度というものが必要とされるのはいうまでもないだろう。

グループ同士が運営やメンバー含めて仲よくなるのは悪いことではない。交流を深めていくことで、現状から頭ひとつ抜きんでていくために協力しあえる同志的な存在として、またあるときはライバルとしてたがいを高めあうような存在としての関係性が築けていけるなら、それは素晴らしいことだろう。

そういった関係性ならいいのだが、ひじょうに困った問題を抱える関係性が生じることもある。運営が、活動範囲の重なる他グループ、運営同士としてのつきあいがあるグループのメンバーにアイドルオタクめいた感情を抱いて行動してしまうことである。べつに他グループのメンバーのファンに精神的になってしまうのは、とくに問題がないことだ。

ただ、実際にオタ活を始めてしまうと別の話になってくる。

運営とオタ活はトレードオフ

たとえば、自分たちが活動している領域よりもはるかに大規模な活動をしているような地上のアイドルのオタクとして地下運営が活動するぶんには、オタ活に力を入れすぎないかぎりはとくに問題はない。力を入れすぎないようにする時点で、オタ活といえるようなレベルのことを現場でできないということでもあるし、年に数回イベントに行けるか行けないかというレベルで、基本在宅オタになってしまうとは思う。

しかし、すでに運営としての関係性があったり、規模や界隈的に運営としての関係性が生じる可能性のあるグループ、自分のところとオタクが被るようなグループでオタ活をやるのはひじょうによろしくない。

べつにライブを見にいくことをしてはいけないということではない。ただ、それはあくまで、運営同士の応援的なものや表敬訪問だったり、勉強のために訪れるかたちでなければならないだろう。それはなぜなのか？

たとえば、メンバーにがっつくことで相手の負担になっていても、よその運営に対して、メンバーからもその運営からもなかなか注意できるものではない。迷惑である。運営であるからにはステージ裏にまで入ることも可能なわけで、そこでもオタク丸出しな言動でがっつかれたとしたら、向こうにしてみればたまったものではない。相手に迷惑をかける可能性があるだけではない。そうやって迷惑をかけることで、自分たちが周囲のグループからスポイルされていく結果につながることだってある。楽屋でがっついていたりしたら、下手すれば「つながり」（アイドルとプライベートな関係性をもつこと）目当てだと思われてもしかたがない。

迷惑をかけないようにオタ活をし、楽屋でがっつかなければいいかといえば、それも違うだろう。まず、運営業よりオタ活を優先しているように他者の目に映ったとしたならば、アイドル運営としてどこまで本気でやっているのか不信感をほかの運営に抱かれたり、なめられたりすることにもつながる。本気度が疑われてしまえば、グループの印象度も低くなってしまう。

ほかの運営だけではない。運営である特権をいかしてオタ活をしている、それによって「つながり」を求めているというふうにオタクに思われてしまったとしたら、それが事実であろうがなかろうが嫌われてしまうわけで、グループ自体の悪評にもつながってくる。そこまでなくても、運営としての本気度を疑われてしまえば、ちゃんとやってないグループのオタクになってもよい体験をすることはない以上、そんなところのオタクにわざわざなる人なんていないのである。

運営の出自を問わず、よそのグループのメンバーにオタク的にがっついて迷惑をかけたり、「つながり」を求めたりする（あるいはそう疑われるような行動をしてしまう）可能性はどの運営にもある。しかし、オタクあがりの運営というのは根がオタクなわけで、気をつけないと体内に巣食うオタクがうっかり顔を出してしまう可能性がある。べつにそんな気はなくても、そんなふうに見られてしまうような言動をついついしてしまい、そういう目で見られてしまう危険度は高い。節度ある距離感を保つためには人一倍気をつける必要があるのだ。

また、オタクあがりである以上、いままで通っていた現場が存在する場合も多い。そこにいままでのようにオタ活をしにいっていれば、本気度を疑われてしまい、グループ自体が運営からもほかのオタクからも軽く見られてしまう可能性はある。

オタクあがりである以上、オタクとして活動してしまいたい気持ちがある人もいるだろうが、そこでそういうふうに振る舞うとマイナスなイメージをもたれる可能性が高い。イメージの問題だけではない。そもそも、オタ活にリソースを割きながらやっていけるほど運営というものは甘いものではない。メンバーの想いや時間を背負っている立場でもある。他グループのメンバーに注ぐ力や時間や想いがあるならば、自分のグループをよくするために注ぐべきなのは当然だろう。

オタクあがりの運営がつくったグループで、ある程度以上の活動ができるようになったグループというのは、自分が知るかぎりでは運営がオタ活を辞めたところが多い。だいたい、本気のオタ活というものは運営の片手間にできるようなものではない。そんな、半端にオタ活をして、立場を利用しておいしいところだけ摘まむようなことをやっても意味がないだろう。とにかく、運営になったのならば、オタ活を辞めるのにこしたことはないのである。

見知ったオタクとも現場では距離をとれ

過去にオタクとして現場で活動していた以上、ほかのオタクとなんらかのかかわりをもっているのはあたりまえのことだ。仲のよいオタクもいることだろう。しかし、こういった関係も気をつけないと、運営としてのデメリットが生じることにもなりかねない。

運営サイドに回った以上、仲のよいオタクであっても特別扱いをしてはならないというのがあたりまえのことなのは、だれでも納得することであろう。客は同じ条件で平等に扱わなければならないというのは客商売の原則である。また、自分の知り合いが運営になったからといっても、応援をすることはあっても、露骨な優遇を要求するようなことをしないのが本来は普通なのである。そういう要求は断ればいいし、それで関係性が途切れるのであれば、そこまでの関係なのだから、それでいいのだ。ともあれ、ほかの客の見ている前でほかの人にもわかるように自分の知り合いのオタクを露骨に特別扱いをするような運営というのはめったにいないだろう。

仲のよい人、もとからの知り合いの人が自分たちのライブに遊びにきてくれたら、嬉しくなるのは人間として自然な感情である。だからといって、ほかの客が見ている物販のような場で親しげに会話をして盛り上がるということはあまりよいことではない。なぜなら、ほかの客が邪推をする可能性があるからだ。

たんに親しい人、知り合いの人が来てくれたから普段の感覚で話しているだけで、なんのやましいこともないとしても、はたから見れば、オタクが運営に特別扱いされているようにしか見えない場合がある。オタクではない知り合いならば雰囲気的に「関係者が来たんだな」と思われるだけかもしれない。しかし、場にいる人が「こいつはオタクだ」となんとなく認知していたり、明確にそう認識できるようなタイプの人相手であると、そういうふうな誤解も生まれかねない。そうなると当然不快なわけで、運営に対する不満もたまるし、そのオタクに対する反感も生じる。

「あそこは知り合いをえこひいきしている」というような噂が広まると、新しくオタクもつかなくなる。また、話しかけられるオタクにとっても、ほかのオタクから嫌われるようなことになれば現場の居心地が悪くなってしまう。知り合いだからライブをたまたま見にきたというのではなく、グループ自体が気に入ったので純粋にひとりのオタクとしてライブに通っているような人だとしたらダメージは大きい。

筆者の話になるが、あるグループを気に入って物販に行くようになったのだが、偶然にも、そこの運営が飲みにいったこともあるような知り合いのオタクだったことがある。

名乗られることもなく、業務的なやりとり以外はとくに話しかけてくることもなく、マスクをしている状態であったので、そこの運営が自分の知り合いであることに当初は気づいていなかった。彼が話しかけてきたのは、2回目くらいに見にいったときに、ほかのオタクがいないタイミングで偶然出くわしたさいのことだった。向こうは最初から気づいていたという話で、普通に会話するようにはなったのだけど、それからも関係性を知らないほかのオタクがいる物販などの場や、メンバーのいる前では話しかけてくることはない。それぐらい徹底してもぜんぜんかまわないし、こちらとしても気を使ってもらってありがたいぐらいである。

少し話はズレるのだが、自分もいちおうバンドをやったり原稿を書く仕事もしたりしているので、ごくごくたまに運営のなかにファンだと言ってくれる人が現れることがある。それはありがたいのだが、ほかのアイドルの物販に並んでいたり、列が混んでいるのであとで並ぼうとフロアーの外れた場所にいるときに、面識のない運営の人に物販中のテーブルから話しかけてこられると、いたたまれない気持ちになる。はたから見れば運営にとり入ろうとしているようにも見えかねないし、業務の妨げにもなってしまう。その運営のグループに興味がない場合もあるわけで、そこのメンバーやオタクにたいへん申し訳ない気分にもなってしまう。

それはさておき、たとえ知り合いのオタクが来て嬉しく思ったとしても、ほかの人に誤解が生まれないように物販の最中などに親しく話さないほうがいいのである。

オタクとしての自分を殺す

たとえ現場での振る舞いに気をつけていたとしても、自分が運営しているグループに近いような複数の界隈のオタクが集まる飲みの場などに参加して、オタクとして振る舞ってしまうのも、運営ならば控えたほうがいいだろう。

かつて通っていた現場の、自分がいま運営を務めているアイドルには興味がないような先輩オタクに、かつての関係性のままにいじられて変にはしゃぐ姿や、酔っ払ったオタクにありがちな厄介行動（路上でミックスを打ちだすなど）をする姿を、居合わせた自分の運営するグループのオタクの前で披露してしまうことは、親しみをもたれる可能性よりも、運営としての適性に不安をもたれたり、あきれられたりする可能性のほうが高い。業務中はちゃんとやっていても、厄介オタの血を騒がす様子を見られて「この人、運営として大丈夫なのかな」と思われたら、どうにもしかたがないのである。

ただのオタクに頭が上がらない運営だとか、運営であるという責任を忘れて野良オタク的楽しさを優先する運営というのは、普通に考えて心配な存在である。べつにプライベートで友だちと遊ぶなということではない。人と遊びたいなら、オタクとしての自分と昔からつきあいのある人だけがいる場に行けばいいだけだ。

運営である以上は、あくまで運営の行動として判断されるわけで、そっちの面でしか認識されていない人の前で一般のオタクであった時代と変わらない様子で振る舞ってしまうことは得策ではない。

かつて厄介オタクであったりしたならば、そのころを知っている同じ現場に通っていた人のなかからは基本的に近づきたくない存在として認識されていることも当然ある。同じ現場のオタクであるということは趣味嗜好が近いことが多く、グループ自体は気に入ったとしても、運営のことを考えて自分の現場にすることを躊躇する人も当然いる。ただでさえそうなのに「あの人、このまえも厄介だった」みたいな情報が伝われば、どうなるかはわかるだろう。せっかく運営として現場や制作、マネジメントを真面目に頑張っていても、そういうことで新規客の獲得機会を失ったら意味がないのである。

結局のところ、オタクが運営としてちゃんとやっていくためには、一度オタクとしての自分を殺す必要があるのではないだろうか。

オタクとしてやっていて楽しいことの大半は、運営としてやっていくうえでマイナスなかたちに作用しがちである。オタ活を諦め、仲のよいオタクとおおっぴらにつきあうことも諦める。そうやってはじめて運営としての自分が成立するのではないだろうか。

オタクとしての感性やセンスをなくしてしまったら制作面での武器を失うことにもなりかねないし、かといって完全にオタクのままの行動をとりつづければ営業面でのデメリットが生じる。オタクとしての感性をもちつつも、オタクとしての楽しみを捨てるというのは至難の業であるとは思うのだが、それ以外に道はないのではないだろうか。

あと、オタクあがりの運営の場合、メンバーに手を出すというより、メンバーに恋してしまうという場合があり、その恋が実るにしろ実らないにしろ結局グループはボロボロになるわけで、ガチ恋体質にも気をつけて節制していく必要があるだろう。

イベンターを目指すオタク

オタクあがりのイベンターの誕生

オタクからアイドルイベントを企画するイベンターになる人たちもいる。それについて考察するまえに、前提として、アイドルイベントを企画している人たちというのはどういう人たちなのかを考える必要があるかもしれない。もっと言うならば、ライブハウス規模のライブイベントを企画する人たちはどういう人なのかを考えていく必要がある。

音楽シーン全般のことを考えるに、小さいライブハウス規模のライブを企画する人たちは、大きくは4種類に分けられる。

①演者みずから、あるいは演者をマネジメントする立場にある人間が、自分たちのためのライブを企画する場合。

②ライブハウスやクラブといった小屋のブッキング担当者が、演者を選んで企画する場合。

③元来は客であった人が、自分が観たい演者の組み合わせを企画したり、そのジャンルのシーンをサポートする目的で企画する場合。
④業界人的な立場の人が、ビジネスとして企画している場合。

イベンターと呼ばれるのは、③④の例に当てはまるような人たち、演者側にも会場側にも所属してないような立場に見える人たちだ。

とはいえ、明確に線引きできるわけでもない。最初はファン的な立場だったが、続けるうちに業界人的な立ち位置になる人もいる。会場側に所属していながらも小屋の利益よりもブッキング担当の趣味性の反映を優先したり、シーンのサポートとしての意味合いが強い場合もある。演者側だったのがイベントを企画するのが専門になってしまい、業界人的な立ち位置になってしまう人もいる。

地下アイドルイベントのイベンターというのも、基本的にはこの例に収まっている。地下アイドルが小規模な芸能事務所によって運営されていた時代は、地下アイドルイベントというのは事務所・会場・業界に属する人間によって企画されるものであって、外部の人間、現場のオタク的な立場からイベンターになるという例が話に上ることは、少なくとも筆者の周辺ではなかった。

オタクあがりのイベンターというものが広く認識されるようになったのは、アイドル運営に多種多様な人びとが参入してきた２０１３年以降のことだ。Ｂ：ｉＳの成功以降に登場した既存の芸能系の地下アイドルのビジネスのコネクションに属さないアイドルが増えることによって、その受け皿となるようなイベントが必要とされることになったというのがひとつの要因である。

業界外からの地下アイドルイベントへの参入としては、プログレ専門誌から渋谷系専門誌になっていた『MARQUEE』、90年代悪趣味系サブカルチャーの流れをくむサブカル誌『Trash-Up!!』がアイドルを２０１０年代前半から誌面にとり上げだし、やがて10年代中期からみずからイベントを開催するようになっていったことがあげられる。本来であれば地下アイドル業界とはかかわりのない雑誌のつくり手自体が地下アイドルにのめり込むことでイベントを開催するようになった例であり、ある意味ではオタクからイベンターになった例であるということができるかもしれない。『Trash-Up!!』はレーベルとしてアイドルの音源リリースをおこなったり、アイドルグループを立ち上げることにもなる。

ほかにも、10年代初頭に江戸川区で区議会議員を目指していた人物（その夢は筆者の知るかぎり実現していない）が、おそらく実積づくりのために町おこしアイドル（べつに区が公認していたわけではない。ももクロなどのコピーが中心）をつくり、そのアイドルが消滅したあと、10年代中期に秋葉原で複数の小規模会場を利用したサーキット型のフェスのような地下アイドルイベント（弱小グループが多く出演するイベントで、結果としてコネのない業界外出身のアイドル運営のグループが多く参加していた）の運営にかかわっていた例もある。これも既存の地下アイドル業界のコネクションに関係のなかった人材の参入の例として数えられるかもしれない。

そういう地下アイドル業界以外の人間がイベント開催にかかわっていく流れのなかで、オタクあがりのイベンターが活躍していくことになる。

また、それ以前は地下アイドルが出演していなかった小屋が経済的な理由から、動員があるということでアイドルを出演させることが増えたということもある。また、新しくアイドルに参入したバンド系のアイドル運営は、いままで自分がバンドマンとして出演していた系統の小屋で、自分が運営するアイドルの企画もおこなうことがあり、そこからほかのアイドル運営もアイドルのイベントができる小屋という認識をもち企画するようになっていき、小屋自体もアイドルに力を入れるようになった場合もあるだろう。

そういった小屋は、小屋の企画でアイドルを出演させるとしても、だれに動員があるとか、どのようなアイドルが存在しているかということすらわからないわけで、そこにアイドルについて詳しいオタクあがりの人間がイベンターとして入り込んでいけたというのも、時代的な背景としてある。

多種多様なイベンターたち

イベンターの活動というのも千差万別であり、特定の会場と月何本という契約を結んで固定でお金をもらいながら企画をしている場合もあるし、いろんな場所で単発で企画を打っている場合もある。

趣味性を強く打ち出したオリジナリティーのあるブッキングをおこなうイベンターもあれば、動員を重視するあまりブッキングに必然性が感じられないような企画ばかり打つイベンターもいる。趣味性が強いイベンターは、コアなオタクからは信頼されるが動員は伸び悩むし、手堅く動員重視でブッキングしていっても、ビジネスとしてはよくてもコアなオタクからは馬鹿にされるわけだ。

もともとがオタクである場合、オタクとしての気持ちと収入面への配慮の狭間でバランスをとるのは難しいであろう。特定の小屋と月何本かで契約するほうが小屋に対する責任が重く、集客に配慮したブッキングをするべきなのだろうが、べつに企画内容に関係なく枠と収入は確保されているので、趣味性の強いブッキングをすることが多い。逆に単発でやる人は小屋に気兼ねせずに自由にやれると思われがちだが、企画内容が問われたり、利益も動員に左右されるので、動員が見込める手堅いブッキングになりがちだ。旧来の職業イベンターのブッキング基準は基本的に集客とコネクションだったが、オタクあがりのイベンターはそこに自分の趣味性を投入し、ある種の批評性をもたらした。しかし、そうしたオタク上がりのイベンターも職業化が進むと、出自が違うだけで集客とコネクションが基準になっていく。

通常、各イベントにはイベント名がつけられていて、それがシリーズ化していき、「あの（イベンターの）イベントにはいつも面白い面子が出るぞ」というような評判が定着すると、イベント自体に客がつくようなことがある。逆に「あのイベントはひどい。好きなアイドルが出てても、ほかのイベントに出てるときに行きたい」みたいな場合もある。出演する側も評判のよい集客があるイベントのほうがいいので、イベント自体に集客力のないそういうイベントには当然出たがらない。

ほかのイベンターのブッキングを真似してばかりな人や、ほぼあらゆる界隈のオタクにとって出演者に魅力もなければ動員もないみたいなブッキングしかできないイベンターもいる。動員がほしいから他所で集客のあったイベントの真似をしてみたとか、イベント自体に集客がなさすぎて出てくれる人がいないとかいうビジネス的な問題かなという気もするが、オタクとしてのスタイルがそのまま反映されているだけかもしれない。オリジナリティーのない企画をする人はそういうオタクだったとか、なにがよくてブッキングしているのかまったくわからないブッキングをする人は、そういう趣味のオタクだったということも確かにある。

オタクからアイドル運営になるよりも、イベンターになるほうがハードルは低い。まず、アイドル運営をやるには衣装・楽曲制作・振り付け・レッスンなど、経費がひじょうにかかる。それに比べれば、会場を借りる経費など少ないものだ。また、運営的なことをやってみたいのだけれど自分のセンスに自信がない人間にとって、アイドル運営はハードルが高い。責任も重くなる。

志を低くもつなら、少ないリスクでアイドルにかかわれて、関係者ヅラもできるイベンターはひじょうに都合のいい立場だ。逆に志を高くもつならば、自分が思い描くシーン全体をサポートしていくという責任が重い仕事であるわけで、志次第という話ではある。

かつて、オタクあがりのイベンターが出演者に500円のギャラを渡し忘れて、演者とTwitterで揉めた事例があった。いろいろな意味で志の低さが伝わってくる話だ。この話のイベンター（?）はべつにイベントをその後も続けていったわけでもなく、業界人ヅラしたくてイベントを打ったらいろいろと失敗し、すぐにイベンター業を辞めてしまったという、イベンター以前に社会的常識に欠けた人間の話として考えるべき話ではあるが。渡すべきギャラは額の大小にかかわらず払うべきだし、少額だからといって渡すのをめんどくさがっていてはしかたがないのである。Twitterという公開の場で糾弾されて逃げようとするのは問題外だ。しかも、額が額だし。

イベンター特有の難しさ

オタクあがりのイベンターが起こしがちな問題はオタクあがりの運営のそれとほぼ同じだが、それに加えて、特定のグループに肩入れしすぎて運営でもないのに内部に入り込もうとする、実質的な迷惑なども存在しないのに特定グループを自身の好き嫌いだけでSNS上で名指しで悪口を言ってしまう、といった問題を起こしてしまうイベンターもいる。前者はオタク的な感情に動かされて立場を利用してしまう問題、後者は自分の立場を忘れてオタク的な感情をあらわにしてしまう問題である。

オタクからすると、運営はアイドルに（あるいはアイドルは運営に）従属するものであるが、イベンターはアイドルとオタクのあいだをつなげる中間業者にすぎない。アイドルサイドとしてもオタクサイドとしても、当事者では絶対にないのだ。だから、対アイドルの部分でオタクからの視線は厳しくなるし、アイドルとの距離感をどのようにとるかはひじょうに重要になってくる。

それぞれがイベンターになる以前のオタク同士であったころから反りがあわなかったイベンター同士が、イベンターになっても仲がよくないということがある。また、オタクがイベントを手伝うかたちで先輩イベンター（この人もオタクあがりだ）に師事してイベンター業務を覚え、独立するかたちで自分のイベントを立ち上げるという徒弟制みたいなことをやっている界隈があるのだけど、本来仲がよかったからいっしょにやってたはずなのに、結果としてみんな仲が悪くなっているという話もある。それぞれ言い分があるだろうが、そういうのは現場に来るオタクにとっては迷惑なものである。

べつにオタクあがりのイベンターに限ったことではなく、イベンターがほかのイベンターを嫌っていることはたまにある話だが、客はイベントの内容がよければだれが企画していようと行くだけなのだから、行った先でほかのイベンターの悪口を言われても困るし、遊びにいった先で楽しくない話をされても面倒くさいのである。さすがにほかの運営の悪口（なんかとんでもない悪事を働いたような場合は除いて）をオタクの前で言ってる運営はあまりいない。

オタクあがりのイベンターのメリット

ちゃんと仕事をするという前提があってのことだが、オタクあがりのイベンターにもいい面はある。

運営サイドからすると、自分のところのオタクだったイベンターだと、気心が知れていて楽だというのがある。オタクサイドからすると、自分の意見を潜り込ませやすいというメリットがある。オタクとしての視点があるので、オタクからの要望を理解してもらいやすいという点がまずある。

極論でいえば、運営は自分のところだけ売れたらそれでべつにいいのだが、イベンターはそういうわけにはいかない。複数の面白いグループ、人気のあるグループが存在しなければイベント自体が成立しないのだから。そのため、イベンターというものは、自分の企画をより魅力的なものにしていくために新しい出演者をつねに求める必要が本来あり（それをやらないダメなイベンターもあるが）、イベントを自分で企画していると、逆にほかのイベントを見にいく機会が減るため、オタクから新しいグループの情報を得ようとする。

そこで、そのイベンターがやっているよりも求心力・注目性がないイベント（だれでも出られるような、デビューしたてのグループが多く出演するようなイベント。音響にこだわらないような場所でやってることが多い）に出ている自分の好きなグループを推薦して、小より快適な環境（いま出ているような小屋より音響がいい小屋に出られるようになる、小屋が居心地いい、対バンも見るべき価値があると感じるものが多いなど）で自分の好きなグループを見られるようにすることを目論んだり、自分が見たい組み合わせをブッキングしてくれる方向にもっていこうとするわけだが、もとからオタク同士としての関係性があったほうが性格も把握できているので話のもっていき方も考えられるし、相手の趣味性もわかっているので相手にあわせてアイドルを勧めやすい。

ただ、これらのいい面は特定の運営・オタクにとって都合がいいという話であって、下手をすると特定の層に癒着しているだけの話にもなりかねない部分でもある。だからといって、イベンターになったからといって急に身構えて人と接するようになると、オタク時代から知っている人間に「気取っている」「変わってしまった」などと言われかねないし、さじ加減は大変だろうと思われる。

基本的にオタクあがりのイベンターはオタクあがりの運営よりも、その人を以前から知る人間に悪口を言われやすいし、なめられやすい。運営というものはものをつくる立場にあり、たいていのオタクはその一点で負けている。しかし、ブッキングというのはセンスだけでなんとかなりそうなものであり、センスが悪い、金目当てでしかないなどと言われやすいし、オタクあがりの人間はオタクからしたら同格だったという意識をもたれていることも多く、なおのこと言われがちである。実際は裏でやっている実務のほうが大変なわけで、言われているほうとしては釈然としないであろうが。

イベンターは、出演者と客に不快な思いをさせないことに責任を背負わなければならない仕事だ。どちらも顧客なのである。出演者であるアイドルサイドに対しては仕事の場でオタクの精神性で接することは避けなければならないし、観客であるオタクを満足させるイベントをやるにはオタクの精神性をもって考えなければならない。

運営に関してはオタクを辞めろとハッキリ言えるが、イベンターに関してはオタク心をいかしたブッキングがオタクにも得になるのだから、オタクを完全に辞められて集客目的メインのつまらないイベントをやられても困るところはある。しかし、仕事をしているアイドルに対して接触厨※●（アイドルと会話することをいちばんの目的にしているタイプのオタク）精神で接するのはやめろというのはハッキリ言えるとは思う。

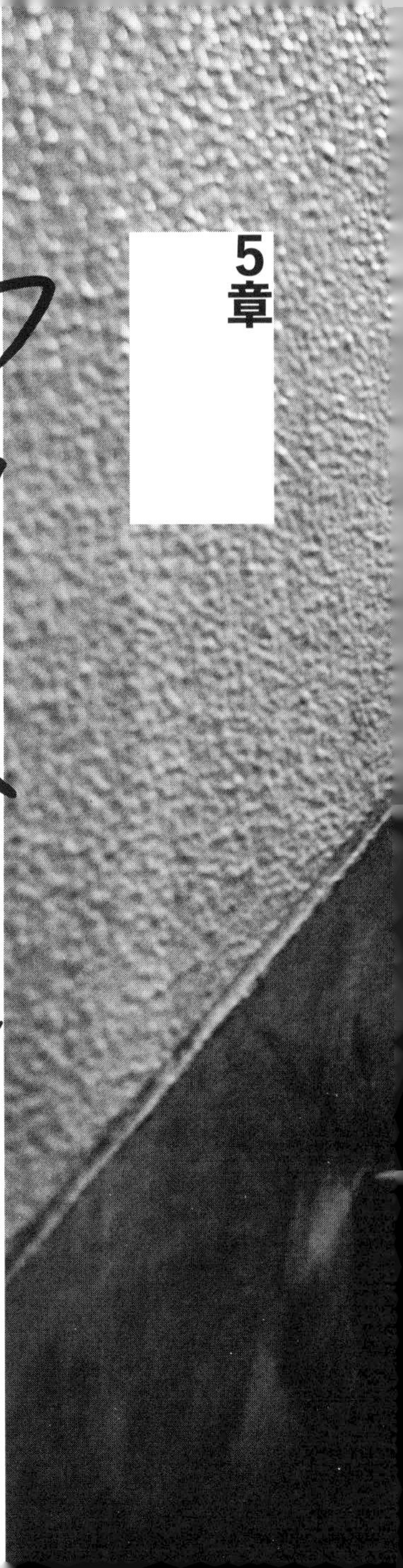

5章

アイドルとの離れかた

オタクの他界、アイドルとの別れ

「オタ卒」と「他界」

アイドルオタクの世界には他界というジャーゴンがある。それまで通っていた現場からいなくなることを指している。オタ卒がアイドルオタク自体を辞めてしまうことを指しているのに対して、他界というのはアイドルオタクを辞めてしまうわけではない。ほかに好きなグループができたから、そっちに鞍替《くらが》えするというわけでもかならずしもない。新しい推し、新しい現場が定まっていないままにいままでの現場から去るということは比較的よくあることだ。それはどういうことなのだろう。ここではオタ卒と他界について考えてみることにしようと思う。

なぜ、オタ卒ということが起こるかというのは、すごく単純なことである。アイドルオタクでいる理由がなくなったからだ。推していたアイドルが卒業したり、グループが解散したりしたことで、アイドルオタクを続ける理由が喪失したことによってオタクとしての活動を停止するという例は至極わかりやすいことと思う。

また、生活環境が変わることによってオタ卒をしなければならなくなる人もいる。

学生が就職することでいままでのように現場に行けなくなるといった例。ただ、こういう場合は何年かして現場に通える時間的余裕ができれば戻ってくる場合が多い。金銭的な問題で現場に通えなくなってしまうという例もある。その原因にもよるが、金銭的な問題の原因がオタ活での浪費で、生活自体が破綻してしまっているような場合は、そのままオタ卒することになるのが普通だ。転勤などで遠隔地に行かなければならなくなり現行のオタ活ができなくなった場合、すんなりオタ卒する人はあまりいないだろう。ある程度金銭的な余裕があるなら、よほどの辺境で生活を余儀なくされていないかぎりは、現行の現場に週末ごとに遠征してくることも可能だし（そもそも、居住地とは遠隔の地で活動しているアイドルのオタクをやっているオタクもいるのだから）、移り住んだ土地で近隣で活動しているアイドルのオタクになることもできる。ただ、海外に転勤したことで実質的にオタ卒した例は確認されている。

しかし、そういうわかりやすい外的要因だけが、オタ卒の理由とはかぎらない。突然、アイドル現場に行かなくなる人もいれば、アイドル現場にいても楽しさを感じなくなってしまって徐々にフェイドアウトしていくかたちでオタ卒する人もいる。べつに現場も推しも存在しているのにもかかわらず、オタ卒をしてしまう人は現れるのだ。

まあ、こういうパターンは不思議なことではない。本当に単純にアイドル／アイドル現場というものに飽きてしまったということだ。飽きてるのに現場に行っても楽しくない。楽しくもないのに現場に行く理由などないのだから健全な話である。

不本意なオタ卒

こうした健全な理由ではない場合、心に傷を負ったかたちでオタ卒をしてしまうという例も当然ある。まず、アイドルというものに失望してしまい、アイドルオタクを辞めるというパターンだ。これはなんらかの理由で推しに失望してしまったり、運営のやり方に失望したり、アイドルというシステムが抱えている問題自体を注視してしまった結果、アイドルというもの自体に失望してしまうということである。

推しが自分の抱いていた幻想とはまったく違ったタイプの人間だった。推しが不祥事を起こしてしまい失望した。推しと運営がつきあっていた。推しがオタクとつきあっていた。推しがメンズ地下アイドルとつきあっていた。推しがメンズ地下アイドルやバンドマンに容易く性交ができる女性として扱われていた。推しがホスト狂いだった。推しがパパ活をしていた。推しが風俗で働いていた。

メンバーや運営がオタク全般を馬鹿にしていた。メンバー同士を競わせて課金させるシステムに対して、メンバーの人権が踏みにじられているように感じた。そのシステムに、メンバーを人質にしてオタクが金銭的な搾取を受けていると感じた。オタクがいくら現場で金を使おうとメンバーには渡らないことに疑問を感じた。グループが売れてスターになる物語を信じていたのに、現実はメンバーが若い時代を無駄に消費するだけで、そんなことは起こらないことに気づいた。オタクは金を巻き上げられるだけの機械にすぎないと感じるようになった。アイドルというもの自体が、大人が若い女の子を搾取するビジネスでしかないと感じるようになった。

こういったことを深く感じだした結果、アイドルというもの自体と決別するというタイプのオタ卒というのはあるのである。

こういった人は生真面目で、視野が狭くなりがちで理想を高くもちがちな人だ。とくに「アイドル」に対して幻想が強かった人ほど、アイドルに否定的になったうえでオタ卒してしまいがちである。右にあげた問題、とくに運営やシステム自体の問題を考えるのは本来避けられないことだ。しかし、アイドル界全体を見渡したときに見えてくる問題や、自分が通っている現場に見える問題に関しては、かならずしもすべての現場が抱えている問題とはいえないし、現場によって差もあったりする。だから、そういうのがない現場、そういうのが少なかったり改善しようとしている現場を選んでいけばいいという選択肢もある。ただ、0か100しかない人もいるわけで、そういう人はそのような選択肢の存在すら考えないだろう。

もうひとつは、アイドルオタクというものが嫌になってオタ卒する人である。オタクはアイドルを馬鹿にしながら搾取するミソジニーの固まりであるという考えに至った人や、たんにほかのオタクとの人間関係になんらかの問題を生じた人がこの例に当てはまるといえよう。前者はアイドルというものになにかの理想を投影していたからこそ、そこに敬意を払わない人間が存在していたことが許せなかったという話だし、後者はどこにでもある話だ。

あと、オタ卒にかかわることで特筆することがあれば、「オタ卒をする」といったことを他人の前で頻繁に口にしている人にかぎって、オタ卒をすることが少ないということだ。悪意をもって考えるなら、そういう人たちは他人にかまってほしくて、わざわざオタ卒を口に出しているというふうに考えることもできる。実際にそういうふうな者も存在はするだろう。メンバーに対して口にしているとしたら、それは駆け引きの手段でしかない。

しかし、オタ卒を口に出す人の大半は、心にもないことを言って他人にかまってほしいというより、オタ卒をするかどうかを迷っている人だと考えたほうがいいのではないだろうか。迷っているあいだというのは決断がつけられていない状態であり、オタ卒をすることはないのだが、オタ卒の可能性が脳裏に浮かんでいるのは嘘ではないのだろう。オタ活を続けることで生活に悪い影響（浪費ややるべきことよりオタ活を優先してしまっていること）が出ていることへの不安、だんだんとアイドル現場で得られる喜びが少なくなってきているという感覚からくる不安、それでもアイドル現場より楽しいものが生活のなかにないジレンマがそういった発言をさせてしまうのだろう。

オタクはなぜ他界するのか

つぎに、他界の場合はどういう理由が考えられるのかを考えていこう。あと、グループ解散までいてほかの現場に移るさいには他界とはいわない。他界とは現場自体は存在しているのに他所に移ることを意味しているからで、現場自体が消失した場合はこれに当てはまらないからだ。

まず、推しが辞めた場合。正確には、つぎの推しがその現場で見つからなかった場合だ。単純に推しがいないとアイドル現場の楽しさは半減どころではなく下がる。それは物販のときに感じるだけではない。いままでは心の底から楽しんでいた楽曲が、推しの不在を実感させられる苦痛を味わわせてくる曲に変わってしまう苦しみがそこにはある。

多くの人にとって推しの喪失は、楽曲が好き、グループが好きなだけでは乗り越えられない壁を生むものだ。ほかのメンバー、運営、オタクと培ってきた関係性というものがあるので、とりあえず箱推しというかたちで現場に残ろうとする人もいるのだが、残りのメンバーや新メンバーのなかからつぎの推しが生まれなければ、どんなによい環境の現場でも他界を選ぶことになるのが一般的である。

ある現場で、複数のオタクが複数のメンバーとつながり（みんなで遊んでたタイプのつながり）、メンバーは解雇、オタクは出禁となったのだが、のちにオタクの出禁は解除されたということがあった。メンバーの複数解雇がグループにいろんな面で大きなダメージを与えたのは当然の話だ。戻ってきたオタクのひとりは、グループの解散まで新しい推しもつくらないまま（推しは解雇されたなかにいたし、つながりも断たれた）、ひたすら献身的に現場を支えつづけた。こういう話は例外中の例外であり、特別な理由（贖罪《しょくざい》的なもの）があったからやれたのだろうが、推しもいないのに現場に通いつづけるというのは本当に珍しい。

推しが推しとして機能しなくなるということ自体も、他界の原因の代表的な例だ。推しが思っていた人間ではなかった。推しとの関係性がうまくいかなくなった。推しに飽きた。そんなところだ。そのグループの現場環境が好きなら、グループ内で推しを変えればいいのではという考えもあるのだろうが、一般的にグループ内推し変は批難されるものである。

アイドル側の気持ちになってみると、ないがしろにされた感はぬぐえないだろう。メンバー間の不和のもとにもなりかねない。自然な流れでグループ内推し変をしてもいろいろ問題が生じる可能性が高いし、推し増しというかたちで以前からの推しも継続する人が普通だ。また、現在の推しよりも推せる推しを他グループに見つけてしまったということも、よくある理由だ。推しを捨てての他界、推し変による他界は相手とのあいだに禍根を残すものであり、推し側に相当の問題がなければ、周囲にもよく思われないものである。

環境が原因の他界もある。グループの方向性が変わってしまった、現場の雰囲気が変わってしまったといった理由である。現場の雰囲気が変わってしまったというのはわかりにくいかもしれない。グループが売れてきて活動するライブハウスの環境が変わってしまった結果、いままでの楽しみ方ができなくなってしまった。新規のオタクとノリが合わなかったり、新規が現場をリードするようになり現場のノリが変わってしまう。そのストレスから他界するということである。

どんなに推しが好きでも、ほかの要因で現場にストレスを感じるなら他界したほうがいい。運営に対する不満にしろ、ほかのオタクに対する不満にしろ、そういう状況にいると現場でトラブルを起こしがちだし、結果として推しに迷惑をかけることになるからだ。

また、一度アイドルを引退した推しが別のグループで活動を再開した場合、新しいグループや現場のノリと肌が合わなくて、その娘を他界する（引退したアイドルが転生して別のグループで活動するというケースが増え、他界という概念が当てはまるのは、グループだけではなく個人もその範疇で考えられている）ということもある。

推しはたしかに重要である。しかし、アイドル現場というのはメンバー、楽曲・振り付け・衣装、オタクがつくる現場の空気というもののバランスによって成り立っているので、どれかひとつが変わってしまうだけでバランスが崩れてしまうものである。どんなに推しが好きでも、ほかの環境が悪くなれば現場に居続けることは難しくなる。

地下現場にはＤＤ※●（複数のアイドルを推すこと）的な特定多数の現場でオタ活をしている人も多く、見にいく現場ごとにひとり推しをもっていることが普通である。推しの引退や現場の環境の変化に関して、あらかじめリスクを分散させることで保険をかけているわけだが、そういう人が他界とは縁がないのかというと、そうでもない。こういう人は享楽的だからこそ、いろんな女の子、いろんなタイプのグループを見にいっているわけで、つまらないと感じれば早々にいなくなる人が多い。ただ、専オタでないので他界というイメージがつきにくく、「最近こないね」と思われるぐらいですんでいるだけである。

オタ卒できない現場の磁力

では、他界というのはなんなのであろうか？　オタ卒をするときの心理と他界するときの心理の違いとはなんなのか？　同じ条件でもオタ卒をする人と他界をする人が出てくるが、違いはなんなのか？

同じ条件でオタ卒する人と他界する人とでは、他界を選ぶ人のほうが、オタ活での成功体験に固執しているし、そこに依存しているし、欲望に忠実なのだと思う。オタ卒を選ぶ人は欲望が枯れている状態、依存状態から脱している状態だからオタ卒を選ぶことができる。「もっと楽しいことがあるのでは」という思いがあったり、現場の楽しさに対する依存が強いうちはオタ卒などできるわけがない。アイドルに自分の幻想を投影してガチ恋をしては、どうでもいいことにすぐ幻滅して他界をくり返すオタクもいるが、本人は純愛のつもりなのだろうけれど、本当に欲望に忠実だなあと思う。

しかし、欲望に忠実なのが悪いわけではない。エンターテインメントの場で楽しさを享受しようとすることはべつに間違ったことではない。ただ、アイドルというものはエンターテインメントであるという前提と同時に、感情のある生身の人間と接しているという前提を理解できず、自分の欲望を欲望だと認識できないまま美しい物語に変換してしまうことが問題なのである。

他界自体は悪いことではない。ただ、アイドルの気持ちを配慮する必要が絶対にある。他界する可能性はいつだってあるのだから、最初から絶対に推しつづけるみたいなアピール、「おまえだけ」みたいな過剰な求愛アピールを本気でしないことが大事だ。たとえそのときに本気でも、嘘になることが多いのだから。また、いろいろと不満を抱えているにもかかわらず他界しようとしないのは、確実によくない結果を相手にも自分にも残す。他界することが相手に対する気づかいになる場合があるということも考慮に入れるべきだろう。


ひとりのアイドルを最後まで推しつづけること、ひとつのグループが終わるまで現場に通いつづけることはオタ活の理想ではあると思う。ラストライブに参加できたとしても、推しとの関係性を深めるに足る時間の長さがそこになければ、画竜点睛《がりょうてんせい》を欠いているだろうし、出会ってから最後までの時間の長さも重要である。推しとの関係性が最高でも、それを形成していく時間のなか、バランスが保たれたまま現場が継続していくことはひじょうに難しい。それでも、そんな推しと現場に出会うようなことが、オタクには一度はある。その人にとっての完璧な現場が。

そんな現場に出会ってしまったオタクは、なかなかオタ卒ができない。もう一度あの経験をしたいとなりがちだからだ。あんな現場は奇跡だったとわかっていても、なんだかんだ今度はうまくいくのではないかとオタ活を続けがちである。最高の現場で燃えつきてオタ卒できる人は、欲望に忠実ではない人なんだと思う。しかし、オタクというものは欲望に忠実だからオタクなのである。最高の現場を経験したあとも、現場に行くことをやめられないのがオタクというものだ。「あんな最高の現場で目立っていたオタクが、なんでこんなしょぼい現場でしょぼいオタクをやっているのか?」という光景を見たことがある人は多いと思う。しかし、それでこそオタクなのだ。

コロナ禍があぶり出したオタクの業

現場からオタクが減った

2020年からの新型コロナの蔓延はアイドル現場の様相を大きく変えた。いや、変えたというか、第1回目の緊急事態宣言の影響で、観客を入れたライブというものが約2か月半～3か月ものあいだ、完全に失われてしまった。

無観客でのライブ配信、リモート特典会という手段で対応をしていたとはいえ、生のライブ、生の会話とは比較にならない。やはり、たんなる視覚・聴覚情報だけでなく、身体全体で感じる空気が現場の醍醐味だったのだ。それはべつに現場で沸くオタクだけの問題ではない。声も出さず、踊ったり沸いたりしないような、鑑賞一択のタイプの地蔵の人間にとっても、それは同じことだ。

有観客ライブが復活しても、ライブハウスは人数制限・声出し禁止・モッシュなど沸く行為も禁止、が原則とされ、たびたび強いられる飲食店の営業時間の規制によって、本来はいちばん人がいるような時間帯に終業するような状況を何度もくり返す。酒類の提供も、禁じられたり、提供時間に規制がかけられたりする。

また、コロナが蔓延しはじめたころにライブハウス由来とされるクラスターが数回発生したこともあり、ライブというものに対する世間の風当たりは厳しく、アイドルの有観客ライブは復活したものの、会社などではライブに行くのを禁じ、ライブ参加を自粛することを迫る空気が流れていた。また、家族に重症化リスクの高い人がいる場合、ライブ参加を自粛する人も当然出てくる。

そういう流れのなかで、オタクは確実に減っていった。以前に比べれば世間の空気も変わり、ライブハウスの規制も緩和されている状況になっても、オタクの総数が減っていることを実感する。

オタクが現場を離れたわけ

現場が再開したのにもかかわらず、オタクがなぜ離れていったのか。原因はいくつか簡単にあげられる。

自身や同居家族の生命の安全のためや、医療関係や介護関係といった職種の問題で現場に来られなくなってしまったような、やむをえない例がまずある。コロナ感染が大幅に下火になる、もしくは治療薬が開発されてコロナの危険性が下がる日までは解決されない問題だ。

いままでのスタイルで現場を楽しむことができなくなったからというのもある。声も出せない。モッシュも禁止。会場によっては着座を強いられる。そういう状況にストレスを感じて現場から足が遠ざかった人間もいれば、チェキを撮りにいっても、ビニールシート越しに会話をし、マスク着用の状態でのチェキしか撮れないことに不満を感じた人間もいる。

いままで見にいっていたアイドルグループがコロナの影響で解散してしまい、現場自体がなくなってしまった人もいる。

コロナ禍はアイドルにも大きな影響を与えた。有観客ライブができなくなり、チェキなどによって得ていた収益が失われ、経済的に活動を維持できなくなったという運営上の理由もある。兼業アイドルのなかには、生活を支えていたアイドル以外の仕事の収入が減り、アイドル活動を続ける余裕がなくなった者もいる。同居家族の重症化リスクの問題。ライブ活動をすることでのコロナ感染のリスクを心配した家族の反対。新型コロナの蔓延がいつ収束するかわからない状況のなかで、先の展望が見えなくなりアイドルを廃業する人。コロナ禍でメンタルをやられてしまい、活動を続けられなくなった人。アイドルがいなくなってしまえば、オタ活も続けようがない。

しかし、家族や自分の健康リスクや職場の問題といったやむをえない事情をのぞけば、これらはたいしたことがない問題だ。あくまで表層的な理由でしかないし、本当にそれでオタクを辞めた人がどれだけいるかはわからないと思っている。たとえ、本人がそのように口にしていたとしても。

コロナ禍があぶりだしたもの

結局、第1回目の緊急事態宣言をきっかけにアイドルオタクを辞めた人というのは、気づいてしまったのだと思う。べつにアイドルのライブに行かなくても自分の生活になんの支障も生じないということに。

コロナ以前に習慣のように週に何回もアイドルライブを訪れていた人間が、ライブというものから強制的に切り離されることになる。それが2020年に起きたことだ。

切り離されたことで、自分が惰性で現場に通っていただけで、現場に行かなければ行かないで何も困らないということに気づいてしまう。また、現場に精神的に依存していたが、切り離されたことで自分がたんに依存していただけであることに気づいてしまった人もいる。そういうふうに気づいてしまった人は、もう戻れないものだ。

2010年代のアイドルブームのなか、アイドル戦国時代から始まった何度かの局所的な小ブームを経てアイドル現場に行くようになった人たち。ブームにのせられてアイドル現場に行くようになったものの、アイドルというものに対して本当に執着していないような人たちも、そのなかにはいたということだと思う。現場で生まれた人間関係が楽しくて現場に通いつづけてはいたが、アイドル自体には本当は飽きているという人は大勢いただろう。そういう人たちは気づいたはずだ、アイドル周辺の環境が好きなだけで、それを成立させるためにアイドルを利用しているだけであり、アイドル自体を自分は必要としていないことに。

ブーム以前からアイドルオタクだった人や、もとからアイドルオタクの資質をもっていた人以外で、ブームにのせられてアイドル現場に通ってはいたが、現場で形成されるコミュニティーに属する楽しさがメインだった人たちは、この状況で確実に振り落とされていった。オタクとしての業を背負ってはいなかったということだろう。

リアルな現場がない、リアルな現場に行くことが難しい状況のなかで、ひたすらアイドルに執着していた人間だけが、現在もアイドルオタクを続けているのだと思う。

業を背負ってしまったら続けるしかない

いろいろなやり方はある。ＳＮＳやツイキャスなどで、認知のあるアイドルと絡んでいくのはみんなやっていただろうと思う。それだけでは足りずにいろいろとやっていく人もいる。リモート特典会に参加し、会話を延々とすることで、会ったことのないアイドルから認知を獲得しつづける者。配信ライブを見まくっては、新しいアイドルを見つけ、細かく活動の動向を調べたり、メンバーの人となりを調べつづけたりする者。アイドルの数年にわたる過去のラジオのアーカイブを探してきては黙々と聴きつづける者。いろいろなやり方でアイドルについて考えつづける。

それが積極的にできた者、意図的にできた者がコロナ他界をすることなく、現場に戻ってきたのだと思う。ちなみに筆者は1回目の緊急事態宣言があけたときに推し増しをしてしまっていて、現場復帰後にライブ選択がひじょうに大変になってしまった。

しかし、このように意図的に努力してアイドルオタクであろうとするのは小賢しいことなのかもしれない。配信を多く見るわけでもなく、普段よりSNSでの活動が活発になることもなく、とくにアイドルオタクとして新しい動きを見せずに過ごし、有観客ライブ復活と同時にコロナ以前と同じ頻度で普通にライブに通いだす人のもつ凄みにはかなわないのではないかと感じる。こういう人がアイドルオタクとしての業がいちばん深いのだろう。

コロナ禍のなか、アイドルを続けたり、アイドルを始めたり、アイドルを引退していたのにもかかわらず復活してきたりするような地下アイドルは、普通の感覚とは違うところで生きていると思う。コロナ蔓延以前からブームの終焉《しゅうえん》が叫ばれ、オタクの総数も減ってきていた。芸能的な活動をしたり、人前で表現をしたいなら、べつに地下アイドルの活動形態でなくてもいいし、もっといいものがあるはずである。そのうえ、このようなことになってしまい、先行きはますます見えなくなっている。それでも地下アイドルとして活動する人は、良くも悪くもそう生きるしかない人なのだろう。

オタクも同じだ。べつにアイドルオタクでなくてもいいのにコロナ禍のなかでアイドルオタクを続ける人は、業が尽きるまではやりつづけるしかないのだろう。

現場で演じあうことでしか成立しない関係

この人はもうアイドルではない

あるアイドルオタク（女性）が、推し（女性アイドル）から「あなたしか好きでない、ほかのオタクとかどうでもいい」と接触のときに言われたことをきっかけに他界してしまったという話を聞いたことがある。この話をどういうふうに解釈するかで、その人のアイドルオタクとしての資質、アイドルオタクとしてのスタンスがわかりやすく表出されてくると思う。

「なぜ、そんなに好かれているのに他界してしまうの？」と考える人もいるだろう。たんに「そこまで言ってくれるなんて嬉しいことなんだから、素直に喜べばいいのに」と考える人は善良だと思う。善良ではあるけれど、アイドルという存在自体について深く考えることがないタイプの人であるようにも感じられる。

また、のんきに「俺だったら、そのままつながるのに。もったいないな」というふうに考える人もいるだろう。つながりを目的とする観点からなら、そういうふうな感想になるだろう。それはそれで無邪気な話だと思う。そういえば、このオタク女性の場合、同性同士のなかでの発言ではあるが、狭義の意味でのつながり（恋愛関係的なもの）も成立するということも考えていいことではある。

「その現場ではもうやることはないだろうから、他界もしかたがない」というふうに思う人もいるかもしれない。もし、このように解釈する人がいるとしたら、アイドル現場の主体がアイドルではなく自分のほうに完全にある人だろう。その推しのなかで一番の存在であるというトロフィーを獲得してしまえば、その場に用がなくなってしまうという、戦果を得るための場所としてしかアイドル現場をとらえていない人だ。こじらせている人ではあるので、独自の視点をもちあわせていそうではあるが、対アイドルとの関係の構築に関する考察に比重をおいているタイプの人だろう。

先述のオタク女性はどのように解釈したのか。それは「そんなことを言ってしまったら、この人はもうアイドルではない」というものであった。そして、筆者もそういうふうに感じる。それはどういうことなのか。

オタクはアイドルという存在を見るために、アイドルという存在と接するために現場に通っている。アイドルは自分のやっていることにプライドをもって愛していてほしいし、自分の現場やファンを愛していてほしい。それが「あなたしか好きでない」とみずから口に出すことは、アイドルとしての役割を放棄してしまっているのではないか。
「いちばん好き」なら、また話は違うだろう。アイドルとして愛している多くの者のなかで「いちばん好き」と言われるのは嬉しいことだろう。しかし、「あなたしか好きでない」なら、べつにアイドルをやってなくていいのではないか。それはアイドルではなく、ただの普通の人だ。アイドルとオタクとしての関係性のなかで最高を求めているのに、相手にアイドルから降りられてしまったら、関係性を維持することはできない。たとえリップサービスだとしても、そういう安易なやり方をしてしまうのであれば、アイドルとして遇することはできなくなる。

そう言わざるをえないぐらいツラい環境にあるという、アイドル側の事情があるケースだって考えられなくはない。ただ、たとえ過酷な環境にあっても彼女がやるべきことは、アイドルとしている現場でアイドルとしての立場を利用しながら、同時にアイドルとしての「責務」を放棄して目の前の人間の歓心を誘うことではなく、そのグループを辞めることだ。それに、このケースはいたって平凡な現場で起こった話であるので、そういった例も当てはまらない。オタクを釣ることに傾きすぎて、相手がなにを求めて現場にいるのかわからなくなったというだけのことではないのだろうか。

アイドルであることを放棄されたら、なんのために現場に通っているのか意味がなくなってしまう。たとえ人としても好意をもつようになっていたとしても、アイドルとオタクという関係が維持できなくなってしまう以上、他界してしまうというのは感覚的にはよくわかるのである。

残酷なことかもしれないが、その人がアイドルであることによって成立している関係性は、その人がアイドルでなくなったときに消えるものだ。

それは実際にアイドル活動をしているかどうかということともまた違う話でもある。引退したとしても「私はあの人たちのアイドルであった」という意識を心のどこかにもって振る舞いつづければ関係は継続するし、活動をしていても、「この人は自分にとってアイドルではない」と思われたら関係は解消される。もちろん、それは原則論であって、相手がアイドルでなくなったあとの関係のあり方も、それまでの個々の体験の蓄積によって千差万別なのだが、ここでとり上げたケースは、ロールプレイしている役割以上の絆が形成されていないのに、一方が降りてしまったという話なのだと思う。

オタクはルパンで、アイドルもルパン

オタクがよく忘れがちなことだが、アイドルとオタクは基本的にただの他人である。たがいの本来のプライベートな空間では親しくなることはおろか、接することさえないであ

ろう者同士が、アイドル現場という特殊な空間のなかでアイドルとオタクという役割をたがいに演じることでかかわりあう特殊な関係だ。アイドルがアイドルを辞めてしまったら、その関係は喪失する。アイドルの引退後もアイドルとオタクの関係性を双方が維持している例（良い例も悪い例もあるが）もあるが、基本的にはアイドルがアイドルでなくなったときに関係性はなくなるものだ。

オタクはアイドルの家族でも友だちでもない。

宮崎駿の『ルパン三世　カリオストロの城』で、ルパンとクラリスは特殊な環境のなかで相思相愛であるかのような関係性をもつが、事態が解決し特殊な環境が消えてしまった時点でルパンは去っていく。ふたりの関係性はあくまで特殊な環境のなかで生まれたものであり、それが消え去ったあとの普通の日々のなかでは消えていくものでしかない。あの特別な日々のなかではルパンは素敵なおじさまとしての姿を維持できるが、それが終われば汚れた中年犯罪者としての真実の姿を白日の下に晒《さら》すしかなくなってしまう。だからこそ、ルパンは去らざるをえない。ただ、あのときのふたりの気持ちは本物だし、そのこと自体は色褪《あ》せることはない。

アイドルとオタクの関係性はこれに似ていると思っている。そして、オタクがルパンの立場なのは言うまでもないことだが、ある意味、アイドルもルパンの立場でもある。

この演じているということは、嘘偽りを見せているということではない。与えられた立場、選びとった立場で、自分のなかの最良の要素で表現していくということだ。

逆に、日常のなかではマイナスでしかない要素が、アイドルとしては最高の要素であったりもする。日常生活のなかで近くにいられたら厄介だったり、面倒くさかったりするような自我の強さや、こじらせた自意識、極度な変わり者ぶりが、アイドルという場ではひじょうに魅力的に映る場合も多々ある。本人が抱えている生きづらさ、それ自体が全肯定される場だ。いままで自分の人生にかかわりのなかった人たちに自分の存在意義を認めてもらえる。少なくとも、ひとりかふたりには。そこで得られる自己肯定感をどのように咀《そ》嚼《しゃく》できるかで、その後の人生が変わっていくというのはあるが、たんに環境に対する依存になってしまう例も多く、その環境が失われることで自己肯定感をなくす人も多い。

できれば、アイドルをやっていたことに価値があるのではなく、そこで他人を幸せな気持ちにすることができた自分自身に価値があると思ってほしい。

普通でない人に出会いたい

地下アイドルが引退しても、コンカフェやTikToker、YouTuber、被写体モデル、自撮り界隈のようなSNS上での活動といったふうに、ある種の緩衝地帯めいた領域で活動することが多くなり、辞めたからといって完全に姿を消してしまうわけではないという例が多くなっている。

コンカフェというのは、現役地下アイドルのバイト先でもあり、アイドルを目指す子のいる場所でもあるし、アイドルを辞めた子のいる場所でもあり、アイドルではなくてコンカフェのキャストとしてバイトするのがいい人のいる場所でもある。そういう雑多な女の子たちを眺め、会話する場所がコンカフェだ。女の子と接する時間の長さ、それにかかる費用で考えれば、アイドル現場の接触よりもはるかにコスパがいい。それゆえに、接触に重きをおいていたアイドルオタクが、コンカフェのオタクにシフトチェンジする例も多く見られる。

一方で、現役アイドルの推しが働いていたり、アイドルを辞めた推しが働いていたりするのに、現場では熱心でもコンカフェには足をあまり向けないオタクもいる。そういう人はステージの比重が高いというか、ステージ上の推しの姿があって関係性がはじめて成立するタイプなのだろう。コンカフェのオタクはコンカフェのオタク、アイドルオタクはアイドルオタクであって、両方の資質をもつオタクが多いからといってかならずしも同じわけではない。

また、元アイドルの立場の人たちに対する気持ちを考えると、アイドルとして見ていた姿ではない部分を知って失望することを恐れる気持ちがある人もいるだろう。

現場で会っていたころも、コンカフェで会うようになっても、道端で偶然出くわしても、ぜんぜん印象が変わらない人もいるが、そういう人はまれなのではないか。アイドルとしてふたたびステージに立つことを忘れていない人、いい思い出としてアイドルを終わることができたうえでアイドルに未練がない人はべつにかまわない。前者はアイドルとしての自分を脳内において振る舞うし、後者は気持ち的にはふっきれているし、アイドル時代のことは大切にしているから。そうではなくて、アイドル時代に未練はあるけど自分はふたたびアイドルになれないと思っているような人や、アイドル自体に嫌な思いを抱いて辞めた人がツライ存在になりがちだ。

腐っている推しには会いたくないし、過去の自分自身のやっていたことを全否定しているような推しには会いたくないものである。

ちなみに筆者は、推しや元推しのいる店にごくたまに行ったり、その子のライブに行くよりコンカフェに行く回数が多いような子もいたり、いいかげんな感じでコンカフェと接している。コンカフェで働いているのを知っているものの、まったく店に行かないこともあるのだけれど、SNSでいまの様子を見て「この感じは悲しくなるから行けないな……」と感じるような子もいるし、昔と変わらない様子に嬉しく思いながらも「ぜんぜん変わってないし、絶対にシャンパンとか入れさせられそうになる……シャンパン入れる金あるなら現場たくさん行ける……」と思って行かない子もいていろいろだ。

筆者はたまに「自分のことしか考えてなくてひどいし、いろいろとでたらめだけど、アイドルに関する情熱だけは本物」みたいな異常な人を推して、「あの子のなにがいいんですか?」と聞かれることがある。それは自分がアイドルに対して普通の人でない人、普通に生きていたら出会えないようななにかを持っている人を求めているからなのだけれど、アイドルとオタクという関係性以外で会うのは大変だろうなという人も多く、コンカフェの距離感というか飲み屋と客の関係性で会いたくない人もいたりもするのである。でも、たまにステージに立つときはできるだけ行くようにしている。アイドルとしては自分にとって最高なのだから。

コンカフェのキャストになった元アイドルの推しにシャンパンを入れにいくことが応援であり、オタクとしての忠誠心とするならば、私は忠誠心などまったくない自己中心的でDD体質のオタクなのであろうなと思う。

想いをつくるのは「場」の記憶

オタクを続けていると、好きだったグループの方向性が変わってしまったり、辞めた推しが別のグループで復帰したりすることが増えてくる。また現場の環境自体が変わって現場に馴染めなくなってしまうこともある。

そうなると、筆者は他界してしまうタイプの人間だ。どんなに推していたとしても、楽曲が好きになれなかったり、その場にいることがストレスになってしまうようだと行かなくなる。それはしかたがないことだと思う。逆に自分が好きでない感じに変わってしまった現場に運営の文句を言いつづけながら通ったり、楽しくないのに推しに対する執着だけで現場に通っていたりすると、周囲に不快な感じを与えるだけだと思う。条件が変われば関係性も変わる。そのことを受け入れずに過去に執着しつづけていても、いやな雰囲気を撒き散らして結局は推しに不快な思いをさせるだけだ。個々の出来事について意見を言うのではなく、推し以外の全体に対する文句しか出なくなったらおしまいだ。そうなるまえに距離をとるべきだと思う。

アイドルとオタクの関係は、あくまで演者とファンの関係でしかないのだから、自分の考えを押しつけることは許されないし、逆に自分が楽しめなくなったらいなくなればいいだけだ。

アイドルに対する想いというのは、ステージや楽曲込みの「場」の記憶によって成り立っているものだ。そして、それは単純な好き嫌いとも違う。

推しが、好きでないタイプの楽曲のグループに移ることで他界する一方で、楽曲は好きでないのに人が面白すぎて見ているうちに楽曲まで好きになったりもする。そうやって見ていた人が、本来であれば自分の好きなタイプの楽曲をやるグループで新しく活動を始めたから、より好きになるかというと、しっくりこなかったりもする。原則としては、メンバー、楽曲、現場の雰囲気を含めた「場」の空気によってアイドルに対する気持ちは成立するものなのだ。

どういうグループで活動しても同じ空気、自分が大好きな空気をつくりだすようなアイドルもやっぱりいて、そういう人をなんだかんだで継続して見つづけられることもあるのは幸せなことだなと思う。

おわりに——アイドルとオタクの幸福な関係

アイドルとの楽しい体験、苦い体験

それなりの長きにわたって現場のアイドルオタクをやっていると、アイドルとのかかわりのなかでさまざまな体験をするわけで、「あ、やってしまった……」といまだに思い出しては顔が真っ赤になるような失敗もあれば、いま思い出しても心が温かくなるような幸福な出来事もある。なかには、まるで現実味がないけれど「たしかに事実としてそれは起こった」としか言えないような、その後のオタクとしての人生に大きな影響を与えたであろう強烈な体験もある。

私は漫画みたいなアイドルが好きだし、現実にありながら漫画みたいな存在であるのがアイドルだと思っているふしもあり、日常ではあまり会わないような少し変わった人を推しがちで、そのせいなのか変なことも起こったりもする。

その日のライブが終わって、疲れたのでライブハウスの外でちょっとしゃがんでいたときのこと。たまたま、近隣のほかのライブハウスでライブをやって帰ろうとしていた別のアイドルグループがそこを通りがかった。そのなかの推しの子（私はＤＤなのでいろんなグループに推しがいる）と目があったとたん、「ロマンさんじゃん」と言いながらポカポカ殴ったり蹴ったりしてきたうえ、目潰しをして去っていった。

まわりのオタクがびっくりしていたが、自分がいちばんびっくりしていたのは言うまでもない。まあ、通りすがりのアイドルに目潰しをされるような不可思議なことが起こることもあるのもアイドル現場である。ちなみに普段から接触のときにいきなり腕に噛みつこうとしたり、首を絞めようとしたりする人だから、自分の現場に来なかったから怒ったとかそういう話ではなく、基本的にはその人の通常運転なのだけど、さすがに路上で出会いがしらなので、何事が起こったのか理解するのにひじょうにとまどった。漫画みたいな人を選ぶと、漫画みたいな非現実的なことが起こるものである。間違いなく、一般的な話ではない。

そういう楽しい体験ばかりがあるわけでもない。いまでも「あれは失敗だったな」と思っていることがある。

その当時現場に通っていたグループから、いろいろあって第1期メンバーが大量に離脱することになった。1期メンで残留することになったのは自分の推しだけ。それまで2期メンは離脱メンバーの一部に理不尽な抑圧を受けている状態だったのだが、そこに1期メン大量離脱という楔《くさび》が打ち込まれることで状況が一変し、自由に自分たちを表現できるようになる。2期メンには間違いなく才能のある子がそろっていて（とくに他グループで自分が推していた人がそのグループ解散後に2期メンとして迎えられていて、その子に対する期待は運営からもオタクからも高かった）、そちらが主導権を握ることになるのがハッキリわかっている。

私の推しはひじょうにいい歌声をもっている人なのだけど、自己評価が異常に低く、それとは別にひじょうに頼りないタイプのふわふわした人であり、後輩メンバーだけのなかにひとりで残ることでひじょうに厳しい状況が待ち受けていることは容易に想像できる。リーダーとしてのグループに対する責任感もあって（彼女は年齢がいちばん上だからリーダーになった人で、実質的なリーダー的存在は辞める子のなかにいたわけだが）残留することを決意したのだろうが、このまま続けてもグループ内に居場所がなくなってしまう可能性がひじょうに高い。このまま続けて、本人が変につらい思いをしてから辞めるようなことになるくらいなら、早めに辞めてほしい。私はそういうふうに感じていた。

卒業ライブの直前に、チェキ会イベントがあった。ライブ当日は混雑が予想され、接触に赴く人も多いだろうことから、一人ひとり満足に話せる時間がないことが予想されるし、そのことへの対策として開かれたイベントだ。辞めていくメンバーのオタクとしては絶対行きたいイベントだし、残るメンバーのオタクとしても、大変な時期を迎えるメンバーに言葉をかけてあげたいわけで絶対に外したくないイベントだ。

いろいろと推しの未来について思い悩んでいた私は、そこで推しに「つらかったら、いつでも辞めていいから。ただ、どっかで歌いつづけてくれたらいいから」と言ってしまった。間違いなく、踏み込みすぎている。

つぎの日、いきなり推しの卒業が発表された。

そういえば「うん、わかった」と返事をされた記憶もある。いや、あれは相づちぐらいのものだとは思うのだが。自分の発言が原因なのかどうかはわからない。わからないのだけど、もし万が一そうだったら責任が……。残るその子を応援しようと思っていたであろうほかのその子のオタクから、その子に会える機会を奪ったことになるかもしれない。そうだとしたらと思うと、ほかの人に対して本当に申し訳ない気持ちでいっぱいになった。

忘れられているであろう忘れられない失敗

冷静に考えたら、自分の発言だけで決めるなんてことはないだろうし、いろんな人（それこそオタクも含めて）が似たようなことを言っていただろうし、そもそも本人がいちばん迷っていただろうし、自意識過剰といえばそうだろうし、そんなことはないのだけど、少しでも後押ししてしまった可能性があるかと思うと、いまだに落ち着かない気分になる。それがたとえ気のせいであっても、距離感を間違ったことに変わりはないのだから。

その子はわりと短期間で別のグループで活動を再開したのだけれど、その子のオタクの界隈が忌み嫌っているイベント（イベンターが立場の弱そうな出演者を食事に誘ったり、パワハラをしたりするため）にばかり出演するグループなので、結果としてもともとのオタクがライブにあまり行かない。

複数の会場を使っておこなわれる、わりと大規模なアイドルイベントに行ったときに、会場移動中のその子にばったり出くわしたのだが、「ロマンさんも○○さんも○○さんも、みんなライブに来てくれないのは、あのイベントがみんな嫌いだから？」と少し離れた位置から大声で質問されてしまい、突然のことに動揺した自分は「えー、そうだね。みんなあのイベンターの人が嫌いなんだよね」と答えてしまったのだけれど、それも言ってよかったのか言わないほうがよかったのか。本人に伝えてもしかたないし。でも、みんなが本人のことはいまでも好きだということは伝えたかったたし。この出来事のあと、自分は戒律を破るような気分とともにそのイベントに行っちゃったわけだけど。なにはともあれ、接すると、ついつい素直に思っていることを正直に伝えてしまいがちな人だった。

その後、そのグループもなくなり、紆余曲折をへて、彼女は活動をふたたび始めている。

以前とは比べものにならないぐらい歌声が高い評価を受けているし、楽曲派が支持しているような著名人にもとり上げられるようになっている。コロナ禍のなかで活動がスタートしたこともあって、あのころにライブにぜんぜん行けない状況が続いていた流れで、音源は買ってはいるけどなんとなくいまだに見にいけていないままでいる。

彼女が出演した配信を見た人が「自己評価が低すぎ」と感想を書いていたのを見て、心配になって配信を見てみると、以前とは比べものにならないくらいしっかりしていて安心した。ただ、ふわふわとしたところとか、挙動不審なところ、素直で人のことを悪く言わないようなところはぜんぜん変わってなくて、それは嬉しかったのである。結果として、あのときに辞めてよかったんだとは思うのだけれど、あのときのことを思い出すと、いまだに背中がヒンヤリしてしまう。

これが、アイドルとの距離感を間違えてしまって、踏み越えすぎてしまったのかもしれない、自分の忘れられない失敗である。向こうは覚えてもないだろうし、実際にたいした影響はなかったのだろうけど、あのときの焦りは一生忘れられないだろう。

そのほかの失敗として思い出すのが、ある地上のグループ（自分にしては珍しく、中学生で構成されているグループだった）のメンバー全員が横並びに並んで、オタクがひとりずつ全員と握手をしながらベルトコンベアのように流れていく形式の接触のときのことだ。

自分の推しは握手が苦手で、すぐに手をひっこめるタイプの人だった。普通に考えれば、知らないおじさんと握手とかイヤで当然の話だ。握手が得意な人のほうが本当は珍しいのである。人見知りなのだけど、慣れたらすごくたくさんのことを一生懸命に話しかけてくる人でもある。握りたいタイプの人には不評で、人気があるほうではなかったのだけれど、彼女のそういった部分に気をつかって接して、たがいに慣れていけばひじょうに楽しい時間が過ごせる。

しかし、そのときは少し困ったことになった。たくさん話しかけてくれて楽しい時間が過ぎたのだが、その日の彼女は異常に上機嫌でテンションが高く、私がつぎのメンバーの前に移っても話しかけてくれるのだ。さらにそのつぎのメンバーの番になっても……。話しかけてくれてる以上は答えてあげなければいけないし、かといって目の前のメンバーに失礼だし……。

彼女が最後から3番目だったので、つぎのつぎのメンバーで最後。なのに列が終わっても、まだ話しかけてくる。あわてて「さよなら」と言って列から離れたのだが、嬉しくもあり申し訳なくもあり、いろいろと疲れた。後ろ3人が連番していた友だちのオタクで、推しも違う人たちでとくに苦情も出なかったのが不幸中の幸いだったが、あれは本当にいたたまれない気持ちになったものだ。嬉しかったけど。

階層を超えたアイドルとオタクの出会い

推していたグループが解散することになった。2年ほど通いつづけていたグループだった。いつもほぼ最前で見て、馬鹿みたいに大きな声を出していた。もうひとり、最前に毎回いるオタクの人がいて、推し被りの彼と自分はまったく絡むことなく、たがいに自分の好きなことをやっていて、ステージ上のメンバーふたり、最前になんとなく空いているスペースにいる張りきっているオタクふたり、それ込みで見ているほかのオタクというような感じで日々が過ぎていった。

発表があってから解散するまでの数か月、いままで以上にのめり込んでいった。やり残したことがないように、ただ最後まで走りきる。それだけだった。ただただ、楽しい日々が過ぎていった。終わりが確定しているだけに、より気持ちは純化されていく。ただ馬鹿みたいに走っていた。推しとの別れの日が決まっているからこそ、1回1回のライブが本当に大切で本当に楽しかった。

そして、その日はやってきた。いまはない六本木のライブハウスで解散ライブはおこなわれた。いつものように楽しい時間は過ぎていった。でも、そんな時間はこれで最後なのだ。ライブが終わり、いつもは話すことがない、もうひとりの最前の彼が話しかけてきた。

「おまえさ、普段こんなんなのに、いい原稿書くよな」と彼女たちの解散にあたって書いた原稿を褒めてくれた。彼も私もステージ上の推しだけを見て、それぞれ勝手に走ってきた。

物販も終わり、ライブハウスからも追いだされ、それでも去りがたい寂しい気持ちのオタクがなんとなく会場周辺に残っていた。なにか目的があるわけではなくて、なんとなく去りがたいだけだ。

メンバーが会場から出てきたという話が伝わってきて、最後に見送りにいこうということになった。六本木のアマンド前の交差点で、通りをはさんで車に乗り込むために待っているメンバーふたりと、それを見守っているオタクたち。

通りの向こうの推しが、こちら側まで聞こえる大きな声で呼びかけてきた。

「ロマンちゃん、私のこと好きー?」

なんの迷いもなく自分は声を出した。

「大好きー!」

いままで何回となくやってきたように。

そして、彼女たちは迎えにきた事務所の社長の車に乗って去っていった。自分はなんとなく去りがたくて、朝まで友だちのオタクとボンヤリすごした。

いま考えても本当にあったのか疑わしいくらい現実味のない光景だけれど、それは確かにあった。

ここで話が終わればすっきりとまとまるのだけれど、現実はそういうものでもない。その後に彼女たちが再結成したり、また解散したりいろいろなことがあった。いいことも悪いこともいろいろあったのだけれど、結局のところ、なんだかんだ楽しかった。解散後もふたりの生誕のときには再結成をちょくちょくしてライブをやったりもしてる。このまえは後輩の活動休止ライブに呼ばれて、推しが妊娠中なのにライブをやっていた。

メンバーふたりとも、お母さんになっている。推しの子どもは女の子で「この子がアイドルデビューして親子でライブやるまで待っててね」と言っていたので、そのときまでは生きていたいなと思い、彼女のTwitterやインスタであげる、ヘリコプターでゴルフ場に行っている様子や、数日で筆者の月の小遣いが飛んでしまいそうな高級ランチや赤ちゃんの写真を眺め、たまにコメントをつけたりしながら、その日を待っている。

もともと実家が資産家の人だったのだけど、結婚してさらに金満化が進んでいてびっくりする。彼女がアイドルにならなかったら、自分がそういうライフスタイルの人とかかわることなんか絶対になかったわけで、あらためてアイドルというのは不思議なものだなと思う。

辞める理由がないから続けていく

アイドルそのものではなく、アイドルオタクや、アイドルとオタクの関係性のようなものについて書いてきた。アイドルの魅力を伝えたり、オタ活の楽しさを伝えるようなものでもなく、アイドル現場で活動するさいのハウトゥものとしての要素もなく、ただ自分が見てきた範囲のことについて書きつらねてきたわけで、客観的に見て変な本だと思う。

アイドルとオタクは突きつめれば、赤の他人だ。家族や友だちとは違う。アイドル活動という限定された時間で成立する現場という限定された環境のなかで、たがいがアイドルとオタクというそれぞれの役割をロールプレイしながらかかわることで生まれる限定された関係だ。それが嘘の関係性というわけでもない。社会的な属性から切り離された、その場でしか生まれない関係だからこそ成立するなにかもそこにはある。そして、それはいいこともあれば悪いこともある。

ロールプレイはアイドルとオタクのあいだの適切な距離を保つための安全弁の役割を果たしている部分はあるのだが、ロールプレイに耽溺《たんでき》するあまり、相手が人間であることを忘れ、ルーティンワークのように時間を過ごすようなことになってしまえば意味はない。生身の人間同士がかかわる事象である以上、あくまで人と人との関係性の問題につきるのだ。

アイドルとして引退したあとも、SNSでよい意味で「アイドル」としての顔をファンにたまに見せてくれる人もいるし、悪い意味でオタクとの関係性にすがるかのような人もいる一方で、まったく姿を消してしまう人もいる。アイドルとしての自分をまったく消し去ってしまった人たちにとって、アイドル活動が「いろいろあったけど、なんだかんだで楽しかった」というふうに思えるものであるなら幸いである。そういった人と道で偶然に会ったときに、とくに会話することもなくすれ違い、たがいに「いいことがあったな」と笑顔になれるような関係性が築けるなら、アイドルとオタクの関係というのは幸福なものなのだなと思う。

いつまで現場のアイドルオタクを続けられるかわからないし、ある日突然辞めてしまうかもしれない。六本木のときにいっしょにいた友だちもみんな現場のオタクは辞めていて、坂（乃木坂46系列のアイドルグループ）の在宅オタクになったり、お笑いオタクになったり、まったくオタク的なものから足を洗ったりいろいろだ。

私は辞める理由がないからアイドルオタクを続けている。いいことなのか、悪いことなのかわからないけれど、見たいグループも、推したくなるような人も、見つかりつづけているし、なによりそれを楽しめているからオタクを辞めようがない。

どこまで行けるかわからないが、しばらくはこの道を歩いていくような気はしている。

アイドルオタク用語解説

● 地上・（半地下）・地下・地底

一口にアイドルといっても、活動規模や活動の方向性によってさまざまな形態がある。それらは活動規模の大小によって、地上・（半地下）・地下・地底という大まかな区分がなされる。

地上というのは地上波テレビなどの媒体に頻繁に登場したり、メジャーなレコード会社でCDを発売したり、大規模会場でのコンサートが活動のメインであり、大手の芸能事務所に所属している場合が多い。地下・地底はライブハウスなどでのライブ活動がメインの、中小芸能事務所に所属していたり、プロデューサーとメンバーのみの最小単位の活動であったり、アイドル自身のセルフプロデュースであったりするアイドルだ。地底とはたんに現場の規模の小ささを指す場合と、オリジナル楽曲を持たずに有名アイドル曲・アニソンなどのカヴァーをレパートリーとして閉鎖的な活動をしている界隈を指す場合もあるが、どちらにしろごく小規模な現場で活動しているアイドルのことを指している。大手事務所所属でメジャーのレコード会社でCDをリリースしていても、活動規模は実質的に人気のある地下アイドルより下の場合もある。そういった地上の下と地下のトップが入り交じった半メジャーの領域が半地下だと思えばわかりやすいだろう。

ここらへんの話は、芸能界視点で考えるか否か、純粋な知名度で考えるか、ライブの集客で考えるかによっていろいろな見方も生まれ、細かく検証していくとキリがないのだが、大雑把にこれくらいの理解ができていれば大丈夫かと思われる。

● 界隈

限定的なコミュニティーを表すネットスラングであり、アイドルオタク用語というわけでもない。同じ事務所やレーベルのアイドル。仲のよいアイドルの一群。特定の企画によく出るアイドルの一群やそれを見にいくオタク。特定のオタクを中心として仲のよい一群。そういったものを指して○○界隈と呼ぶことがあるという程度の話である。

● ツーステ

2step の略でダンスの一種。ハードコア、メロコア、ラウドロックのようなライブ会場でよく見られるもので、比較的近年発生したもの。アイドル会場ではラウド系（ハードコア、ラウドロックといった音楽を楽曲にとり入れた）といわれるアイドルの現場でよく見られる。近年発生したもので、ハードコアやラウドロックを好む人のなかでもフェス系のイベントにいかないような40代以上の人間には馴染みが薄いダンスであるが、アイドル現場では初老以上のオタクが踊る光景が見られる。

● ミックス

コールの一種。おもにイントロ、間奏部分、アウトロに入れられる。文言、構成、発声など現場ごとにさまざまなヴァリエーションが存在する。地下ほど発声が汚いという説もある。基本、7音節で構成されるが、かならずしも絶対ではない。

● ケチャ

おもに落ちサビ（鳴っている楽器の種類を減らしたり、音量を下げることで歌声を際立たせるようにしたサビパート）でアイドルに向けて両手を広げる行為。その様子がバリ島の呪術的な舞踏劇であるケチャで見られる両手を空に掲げる行為に似ているため名づけられた。

●地蔵

オタ芸を打ったり、コールを入れたりすることなくライブを見るタイプの人を地蔵にたとえたもの。世間一般での普通のライブ鑑賞のスタイルともいえる。いい意味ではあまり使われない。

●コール

楽曲中に観客が入れる掛け声の総称。メンバーの名前を呼んだり、特定の曲の歌詞にかけたもの（地下現場での『初恋サイダー』のカヴァーで見られる、「キスをあげるよ」という歌詞に続けてオタクが「いただきまーす」というコールを入れるなど）だったり、「ハイ、かわいい」などの何にでも使えるものなど、いろいろなものがある。ミックスもコールの一種であると考えられる。

●コンカフェ

コンセプト・カフェの略。メイド喫茶と同じ営業形態だが、メイド以外のもの（忍者、アニメやゲームのコスプレなど）を店のコンセプトにしている店舗が増えていったことから、そういったコスプレ的な衣装の店員が働いているメイド喫茶的な業態の総称として生まれたものだと思われる。設定がつくり込まれた伝統的なメイド喫茶から、たんに衣装がコスプレっぽいだけで店のコンセプトもない、限りなくガールズバーに近いものまで幅広く存在する。

●ピンチケ

若年層を指す言葉であるが、基本的に騒々しく軽薄なタイプの若年層がイメージされやすい。AKB劇場では10代向けのチケットは一般より安く設定されており、そのチケットの色がピンクであったことによる。いい意味ではあまり使われない。

●ガチ恋

ガチ（本気・真剣）に恋をしているということであり、アイドルに対して本気で恋愛感情をもつこと。この感情をこじらすことで、一方的で独善的な思いをアイドルにぶつけたり、独占欲が過剰でほかのオタクに攻撃的になったり、有害なオタクが発生することも多い。

●「楽曲派」

ロリコンであると批難された低年齢アイドルを推しているオタクたちの「自分は楽曲を推しているだけ」との弁明に対して、ロリコンのカモフラージュにすぎないという見解が生まれ、ロリコンの隠語として「楽曲派」という言葉が使われるようになった。ゼロ年代のハロプロ現場から生まれた言葉であり、この意味で楽曲派という言葉を使うのはいまやオールドスクールなオタクである。

●接触厨

ライブ自体より、物販や特典会、ライブの合間などでアイドルと話すことをメインの目的にしている人のこと。ほかに、アイドルに自分のことを覚えられるのが目的になっている人を指す言葉として認知厨がある。

●DD

「だれでも大好き」の意味。特定のメンバー個人や特定のグループのオタクとして活動するのではなく、いろいろなメンバーと接触したり、いろいろなグループのライブに行く人のこと。以前は批難（おいしいとこだけつまみ食いしているだけ、アイドルに対する忠誠心がない、浮気と同じであるなど）されることが多かったが、現状では程度の差さえあれ、多くのオタクがDD化しているのでオタク側からとくに批難されることは少ない。特定多数をちゃんと推しているDDにとくに問題があるわけでもなく、単推しを主張しながら推しや現場をすぐに代える人間のほうが問題があるといえる。

単推しであるかのような主張をアイドルに対してせず、最初からDDであることを鮮明にしておけば、とくにアイドル側に嫌われることもない。

著者紹介

ロマン優光（ろまん・ゆうこう）

1972年、高知県生まれ。ソロパンクユニット「プンクボイ」で音楽デビューしたのち、友人であった掟ポルシェとともに、ニューウェイヴバンド「ロマンポルシェ。」を結成。ディレイ担当。Webサイト「ブッチNEWS」でコラム「ロマン優光のさよなら、くまさん」を隔週連載中。
著書に『嘘みたいな本当の話はだいたい嘘』『90年代サブカルの呪い』『SNSは権力に忠実なバカだらけ』『間違ったサブカルで「マウンティング」してくるすべてのクズどもに』『日本人の99.9%はバカ』（いずれもコア新書）、『音楽家残酷物語』（ひよこ書房）がある。

地下アイドルとのつきあいかた

2023年3月15日　初版印刷
2023年4月10日　初版発行

著　　者　ロマン優光
デザイン　村松丈彦（むDESIGN室）
写　　真　鈴木渉
（ロケ地＝新宿SAMURAI）
発 行 所　株式会社太郎次郎社エディタス
東京都文京区本郷3-4-3-8F　〒113-0033
電話 03-3815-0605　FAX 03-3815-0698
http://www.tarojiro.co.jp/
電子メール　tarojiro@tarojiro.co.jp

編 集 担 当　尹良浩＋北山理子
組　　版　トム・プライズ
印刷・製本　シナノ書籍印刷

定価はカバーに表示してあります　ISBN978-4-8118-0854-3　C0073　

本のご案内

限界ニュータウン

荒廃する超郊外の分譲地

吉川祐介 著　　四六判・240ページ／本体1800円+税

千葉県北東部には俗に「限界ニュータウン」とも呼ばれるミニ住宅地が多数存在する。そのほとんどが投機目的で分譲され、住人は増えず、荒廃の危機を迎えている。そうした住宅地の誕生から現状をたどり、利活用と未来を考える。

あなたは何で食べてますか？

偶然を仕事にする方法

有北雅彦 著　　四六判・208ページ／本体1600円+税

物語屋、珍スポトラベラー、ドローン写真家、切り似顔絵師……、ちょっと変わった仕事で食べている先輩たちに直球勝負で聞いてみた。どんな仕事？ 収入は？ 幸せですか？ 驚いて笑ってグッとくる、エンタメ的進路参考書。

世界でいちばん観られている旅 NAS DAILY

ヌサイア・“NAS”・ヤシン、ブルース・クルーガー 著
有北雅彦 訳　　四六判・256ページ／本体1800円+税

全世界4000万人が注視する1分間の旅動画「NAS DAILY」。その実像と魅力とは——。パレスチナ系イスラエル人の著者が、行動力とSNSを武器に「世界は変えられる」ことを証明しようとした、1000日間・64か国の旅の記録。

下山の哲学

登るために下る

竹内洋岳 著／川口穣 構成　　四六判・256ページ／本体1800円+税

「頂上は通過点にすぎない。そこから下ってきて完結するのが登山なのだ」。日本人で唯一、ヒマラヤ8000m峰14座すべての頂に立った登山家は、どのように山を下ってきたのか。敗退をふくめた「全下山」をたどるドキュメント。